그래도 나는 행복한 사람

김미란 지음

프롤로그

파킨슨병은 사랑을 가져다준 내 인생의 선물

'십 년이면 강산도 변한다'고 하는데 저는 14년 전인 2011년, 오른 팔꿈치 접는 부위 안쪽에 톡톡 튀는 느낌이 있어 병원에 간 결과 '파킨슨병' 진단을 받았습니다. 그 이후로 저는 어디로든 마음대로 가기 힘든 생활을 하게 되었습니다. 당시 파킨슨병에 대해서는 그다지 알려지지 않았지만, 중풍처럼 독립적인 생활을 하기에는 지장이 많았기 때문에 누구에게든지 두려운 질환이 틀림없습니다.

파킨슨병은 진행에 따라 치매나 뇌졸증 증상을 보이는 뇌신경계 질환입니다. '파킨슨병이란 생소한 질병이 하필이면 나한테 왔을까'하고 생각하며 억울해서 견딜 수가 없었습니다. 파킨슨병은 아직 현대 의학으로는 완치시킬 수 없다는 희귀 난치성 질환이거든요.

우리 가운데 저를 포함한 많은 사람이 정해진 자리에서 하루하루 무언의 경쟁을 하며 광활한 지구상에서 한점의 약자로, 질병으로부터 점령당한 채 살아가고 있는 듯합니다. 물론 그만큼 생명과학을 토대로 한 신약개발과 우리 인간이 극복한 악성의 질병들로 하여금 과학자들의 많은 노력과 경험적 증거에 의한 노고가 있었다는 것도 알 것 같습니다.

이렇게 병의 징후가 뚜렷한 파킨슨병을 가족과 그리고 친하게 지내는 지인들에게조차 진작에 분명하게 말하지 않았는지에 대한 이유를 이제야 자신에게 묻게 되더군요. 물론 병을 얻게 된 것이 너와 나와의 탓이 아니며 그 사실이 자신부터 쉽게 받아들일 수가 없었기 때문입니다. 물론 그 병에 대한 두려움도 컸지만, 인생에 있어서 건강한 지인들, 제가 그네들과 끝까지 같이 할 수 없는 것이 미안한 부분도 있었습니다.

아마 지금 희귀 난치성 질환인 파킨슨병을 앓고 계신 분이나 다른 중대한 질병 가지고 계신 환우라면 이 상황을 잘 이해하실 것입니다. 만약에 지금도 저에게 그때와 같은 상황이 온다고 하더라도 나는 내가 파킨슨병 환자라는 사실을 쉽게 공개할 수 있을지는 잘 모르겠습니다.

답을 얻을 수 없었지만, 앞으로도 내가 어떻게 살아갈 것인가에 대해서도 암담하기는 마찬가지입니다. 인생 66년 황혼기에서 보는 십년이 넘는 파킨슨 환자의 시간은 길고, 외로움과 고독함 그 자체입니다. 마음을 내려놓고 물 흐르는 대로 살라는 통상적인 구호는 하기 좋은 말에 그칠 뿐, 그나마 나에게 남아 위로가 되고 기다려 준 사람은 가족이었습니다. 그것도 희망의 상대는 초등학교에 다니는 손주들 네 명이 저에겐 최고의 보물이었습니다.

  6학년인 맏손자가 태어나기 2년 전인 2011년에 이미 파킨슨 판정을 받았기에 그 애들은 할머니가 불렀던 옛날 노래들을 전혀 모릅니다. 그냥 이대로 이 상태를 좋아하고 즐거워합니다. 그것도 저희 네 명의 하는 놀이 중 흥미가 가장 끌리는 부분도 나름 있겠지만요.

  그래도 함께 사는 우리는 서로 지난날을 추억하고 공감하면서, 기억의 부활을 통해 재발견의 도구로 저는 책 쓰기를 택했습니다. 이 책은 지금까지의 제 인생과 가치관을 표현한 자서전이며 회고록이며 반성문의 장르를 종합한 수필집입니다. 앞으로 병의 진행이 빨리 다가와 지금보다 더 과거가 희미해지기 전에 건강했던 젊은 날의 아름다운 모습과 꿈들의 향연을 써 내려갈 생각입니다.

  이 책에서 주인공은 아직 위너(Winner) 위치에서 아름답게 '다 갖춘마디'로 마지막을 완성하고 싶어 합니다. 다른 파킨슨 환자와 같이 몸을 떨고 있을 때나 종종걸음을 걷고 있다면 미래에 대한 상상과 충격이 더 클 것입니다. 주위의 시선 등은 저의 삶을 더욱 위축시킬 수도 있습니다. 온몸을 붕대로 감은 채 뒷걸음치며 무기력한 고통을 겪으며 진퇴양난, 사면초가도 수시로 느끼며 어렵게 견뎌 왔습니다.

  대부분 신경과 전공의는 파킨슨 환자들에게 희망을 주기엔 인색합니다. 그러나 이제는 짊어진 우리 짐을 내려놓고 재미있고 그날그날 행복하게 사는 법에 대해서만 애쓰시라고 조언합니다.

그리스신화에 나오는 끝없는 노화의 비극 '티토노스'의 죽지 않고 늙음만 있는 생애에도, 그 애인 에오스 여신도 '티토노스'의 초췌하게 변하는 모습에 싫증 내어 방치하게 됩니다. 《의사가 읽어주는 그리스신화》 내용 중에서 우리 속담에 '긴 병에 효자 없다'는 말처럼 장기적 돌봄을 요하는 질병에 대해서는 만족한 간호와 돌봄 법칙은 기대하기 어렵습니다.

얼마 전부터 저의 가계부 계산 셈에 오류가 나타나기 시작합니다. 계산기의 플러스 누름을 했는지 안 했는지 생각이 잘 나지 않을 때가 있습니다. 계산기 자판도 손가락 힘을 균형 있게 눌러줘야만 정확한 답이 나오는데, 손가락 마디의 힘이 헐겁습니다.

옛날 일 하나가 생각납니다. 미사 봉성체를 위해 방문한 신부님 앞에서 노환으로 누워 고백성사하는 어느 할머니의 모습이 머리를 스쳐 지나갔습니다. 또 언젠가는 제 인생의 사건들이 어떤 모양으로 펼쳐졌다가 왜 일찍 힘없이 접어야 했는지를 기억하지도 못할 날이 오고 말겠지요.

그리고 꿈같이 짧고 소풍 같은 인생은 안개 속에 덮혀 답답하게 우리 시야를 가려 혼동을 줄지도 모릅니다. 그렇게 안타까운 것들에 대비하려면 그나마 이만큼이라도 활동할 수 있을 때 나의 기억이 닿는 대로 기쁨과 행복과 그리고 절망까지도 담은 추억을 찾아 글쓰기를 해보자는 생각이 들었습니다.

　기억의 탐구를 위해 글쓰기를 하다 보니 삶의 태도와 생각이 깊고 넓어져 혼란스러운 감정들은 털어내 지고, 무거운 고통스러움이 물러나도록 감정에 해방감을 줍니다. 이렇게 감정이 정리됨으로써 필자는 심리적 안정을 찾게 됩니다. 저도 그래서 펜이 가는 대로 솔직하게 글을 이어 나갔습니다. 그래서 저는 있는 그대로의 사실과 현상에 대해 하루라도 젊은 날의 자아를 관찰하고 기억하여 그걸 모두 기록해 둠으로써 후련해지고 싶었습니다.

　또한 기억의 재발견을 통해 반성과 통찰의 마음으로 과거를 회상하며 글을 써 내려갔습니다. 마음이 아픈 부분도 있었지만, 감성적으로 가슴이 안타까운 대목이 더 많아 전체를 정화하기에는 그만큼 시간이 필요했습니다.

　이 책은 파킨슨병 환자나 가족, 지인, 친구 등 뇌 건강을 위해 노력하는 분들이나 또 파킨슨병에 관심 있는 분들과 공유하기를 기대합니다. 파킨슨 환우들의 건강했던 과거는 현재보다 화려했고 소중했을 것이 분명합니다. 파킨슨과 같이 삶을 살아가는 인간 생애의 주인공들이 어떻게 살아가고 있는지도 궁금하고 응원하고 싶었습니다.

이 책에는 한 미생(별명 미꾸라지), 즉 황혼의 미꾸라지 인생에 대한 모든 노력과 정성이 다 녹아 있습니다. 미꾸라지 할머니의 유년기부터 꿈 많던 여고생 시절의 추억이 있습니다. 5년간 객지를 떠돌며 양장업에 종사하며 공부하고 고생했던 경험담도 있습니다. 이같이 저의 가슴속에 소설처럼 남겨져 있는 것을 기억의 탐구를 통해 각색 없이 펼쳐놓았습니다. 비교적 늦게 시작한 공무원 생활도 성실히는 했지만, 건강 이상을 이유로 남보다 빨리 마쳐야 했다는 이야기도 물론 있습니다.

30년의 공직 생활을 통해 얻은 것과 잃은 것을 뒤돌아보기도 하고, 요즈음도 컨디션이 괜찮으면 땀을 뻘뻘 흘리며 운동하러 가는 우리 탁구장의 풍경도 그려져 있고, 장기간 투병하며 읽었던 책들에 대한 독후감도 실려 있으며 관심 있게 읽고 메모하고 공부해서 알아낸 시니어들을 위한 상식도 있습니다.

그 밖에 우리 시니어들의 생활환경 등 적응 패턴에 대한 필자 특유의 소견이 들어 있는 데에 대해서도 이해해 주셨으면 하는 마음입니다. 그리고 이 책이 독자의 기대에 못 미칠 수도 있을 것입니다. 그래도 '그럴 수도 있지' 하며 양해해 주시면 감사하겠습니다. 최고의 기쁨으로 다가온 '사랑'은 파킨슨이 내게 선물한 것이라 생각합니다. 안 적어 보면 내내 후회할 것 같아 용기 냈습니다.

혹시 훗날에 세월이 흘러 우리 손자들이 다 큰 후에라도 할머니가 살아온 생애를 묻는다면 평소 이 책을 가까이 두고 크게 낭독하여 읽어주면 좋겠다는 생각이 듭니다. 내게 허락된 즐겁고 건강한 날들에 우리 아가들이 있어서 더 행복한 날들이 많았습니다. 그래서 제가 한 포기 이름 없는 풀꽃이 되어도, 기억이 상실되어도 제가 살아온 인생의 향기와 뿌리는 모두 이 책에 남아 있을 겁니다.

아무튼 어려웠지만 이렇게 세상에 다시 나와 서게 되었습니다. 그리고 기억의 부활과 재발견을 통해 제가 살아온 이야기를 독백이라도 할 용기가 생겼습니다. 지난날의 추억을 기억하는 과정에서 나오는 자성의 자세는 나 자신을 정화 시키는 성찰의 기회가 되었습니다. 그래서 내가 행복한 사람인 것이 분명합니다.

먼저 책 쓰기에 대해 무지의 초보인 저에게 많은 것을 지도해 주신 박인기 교수님께 깊은 감사 드립니다. 이 책을 낼 수 있도록 이끌어 주시고 격려해 주신 혜전 최영란 작가님, 이수목 작가님을 비롯하여 회원님들 협조에도 감사드립니다.

아울러 대단하다며 박수로 응원한 우리 가족들 고마워요. 그리고 동재야, 할머니에게 황혼의 미꾸라지 캐릭터를 선뜻 줘서 정말 고마웠어. 유독 무더웠던 여름날 땀방울이 대변하듯 금년도는 모두 어려웠던 삶의 현실이었는데 책 쓰기 해보라며 토닥여 주신 서울 시누이 형님과 대구 동서에게 미안한 마음 접고 감사 인사드립니다. 또 이 책을 읽어주신 모든 분께 감사드립니다.

2025년 초가을
김미란

프롤로그 파킨슨병은 사랑을 가져다준 내 인생의 선물　02

제1부 뇌 건강을 위해 공유하고 싶은 것　12

1. 그래도 나는 행복한 사람　13
2. 패션 디자이너를 그리다　19
3. 의상 패션의 꿈과 현실　27
4. 시할아버지와 손부　34
5. 나의 유년 시절　39
6. 아버지와 딸　51
7. 성격 유연한 육군부대 의무 병장　60
8. 흰 봉투의 추억과 사랑　68
9. 이 길을 걸어야 하나　76

제2부 파킨슨씨 같이 갑시다　83

1. '중견간부양성반' 교육생 선발에 당첨　84
2. 거북이 달리기 대회　91
3. 세 여자의 비밀　98
4. 파킨슨 씨 같이 갑시다　106
5. 20년 만에 돌아온 줄기세포　112
6. 내게 왠지 재수와 운이…　118
7. 엄마의 목소리가 점점 커진다　126
8. 부정맥을 아시나요　131
9. 하루 다섯 번 울리는 알람 시계　136

제3부 아름다운 추억과 이제야 보이는 것들   141

1. 첫 발령지에서 생긴 일   142
2. 성당의 종소리   149
3. 대장이 손짓하는 거기   156
4. 소연 씨의 아드님과 따님   162
5. 운수 좋은 날   172
6. 저는 평범한 것이 싫거든요   176
7. 노력은 배신하지 않는다   180
8. 내 마음의 교향곡은 어디에   188
9. 친정엄마의 팔자소관   193
10. 언니는 대기만성형   201

제4부 이해와 용서   207

1. 산넘어 저 언덕에는 무슨 꽃이   208
2. 우리 시어머니   213
3. 웰다잉(Well-dying)은 존엄한 삶의 완성   218
4. 파트너와 함께하는 건강한 삶   223
5. 시니어들의 안식처   228
6. 땅 부자   233
7. 숙이 씨   240
8. 내가 이 책을 쓰는 이유   245
9. 늦깎이에 만난 기적 같은 선물   252

발문 주체적 자아, 그리고 긍정의 정신 / 박인기   255

제**1**부

뇌 건강을 위해 공유하고 싶은 것

1. 그래도 나는 행복한 사람

#탁구는 나의 가장 친한 친구

나는 오늘 오후 3시에도 노인지회 탁구장 앞에 서서 똑딱거리는 탁구공 소리를 귀 기울여 한참을 듣고 있었다. 도려낸 유리문 코팅 사이로는 탁구대 3대가 풀 가동되어 70, 80대 시니어들의 경합으로 상기된 얼굴들이 보인다.

'오늘은 또 어떤 분위기일까?' 속으로 외치며 문을 열고 들어가면 맨 문 앞에서 할아버지 중 한 분이 기다렸다는 듯이 일어서서 내가 당기는 문을 밀어서 가볍게 열어주며 환영해 주신다. 오른쪽에는 소파들이 나란히 나열되어 있고 할머니들이 앉아 앞 탁구대 게임팀을 응원하다가도 "오, 미란 씨 왔어" 하며 환한 얼굴로 반기신다.

'이 세상에서 나를 이토록 나를 환영해 주는 모습을 어디서 볼 수 있을까' 하는 생각에 이를 때면 울컥한 감동이 가슴을 울린다. 감사한 마음이 행복과 마주 보는 순간이다. 이어서 선배 할머니들은 챙겨놓은 간식들을 "미란 씨 꺼"하며 하나, 둘씩 냉장고에서 꺼내어 내 앞에 놓는다. 조그마한 쌀 과자부터 삶은 달걀, 찹쌀떡에 드링크까지….

그러면 순간 나도 모르게 오만이 밀려와 순서를 기다리는 언니들 사이로 공을 줍는 척하며 빈자리 탁구대를 찾아 은근 슬쩍 대기한다. 젊다는 이유로 오빠 언니들의 관심과 사랑을 받고 있는지 전혀 짐작하지도 못하고 지금은 그냥 사랑을 받기만 한다.

내 나이는 그분들의 평균 나이보다 열 살 이상 적다. 그러나 노화된 신체 나이는 그분들 못지않은 팔십이라 해도 부족하지 않으니, 마음속으로는 친구로 상대한다. 특히 모여서 각자의 병을 자랑하고 있을 때면 나는 노인 연령이 되면 안 아픈 사람이 없다 하며 위로하는 것이 내가 할 수 있는 전부이다.

그렇게 나의 건강 증진을 위해 운동이라고는 유일하게 탁구와 노인 운동만을 상대하며 지내 온 지 벌써 삼 년째이다. 그분들보다 훨씬 젊은 나이에 희귀 난치성 질환인 파킨슨병과 동행하고 있는 나의 삶은 눈물겹도록 허망하고 안타까운 것이 사실이다.

나는 탁구의 경쾌한 소리가 참 좋다. 이게 무슨 행운인가! 우리 아파트 앞 대한노인회 건물 안에는 탁구장이 있다. 애초부터 나는 이곳 노인지회 탁구동호회에 가입하여 짝짝 붙는 탁구공 소리와 응원하는 함성을 듣고 싶었다. 탁구동아리에 입단 연차는 삼 년째라고는 하지만 점점 팔과 다리에 힘이 빠져 게임 성적에서는 최근 입단한 회원만큼의 실력도 안 나온다. 나의 운동신경이 무딘 점도 있겠지만, 시간이 지나면 몸에

에너지가 부족해서 장시간 운동하기에는 무리가 따른다.

 재직 중에도 퇴직 후에 즐길만한 운동으로 탁구를 하고 싶었지만, 이미 그때도 몸이 부드럽지 못하고 강습 때마다 팔을 눈썹 가까이 올리라는 반복된 동작을 강사가 요구할 때면 나는 팔 아프다는 핑계를 댔다. 매번 강사로부터 혼이 났고 금방 고독해졌다. 아무튼 요즈음에도 가끔 생활체육회 강사의 지적을 받지만, 그냥 한 귀로 흘려 버린다.

 그렇다고 나는 "환자요" 하면서 특혜, 아니 배려만을 요구할 용기가 없다. 어쩌겠는가, 팔에 힘이 적게 들어가 잘 안되는 것을…. 내가 파킨슨병 환자라는 사실을 모르는 이상 탁구 강사도, 회원들도 내가 왜 그렇게 탁구 치기를 어려워하는지를 모른 채 의아해한다. 혹자는 말할지도 모른다. 어떻게 그런 감각으로 직장생활을 해 왔느냐고.

 파킨슨 씨 때문에 지금까지 고전을 치른 많은 시간은 안타깝지만, 다행히 처음부터 파킨슨 씨가 나를 힘들게 한 것은 아니었다. 처음에는 손이 잔떨림으로 시작하여 신체의 팔다리 우측 부분만 조금 무거움을 얹어 주었다. 그리고 조금씩 서서히 그는 나를 침범해 왔다.

 취침 중 전쟁 같은 악몽으로 침대 위에서 추락하는 일 등이 있었다. 이런 사고는 나 자신에게는 물론 가족들에게도 물리적 정신적으로 많은 불편을 가져다주었다. 내게 파킨슨병이 발생했을 당시에는 파킨슨 환자가 살아갈 수 있는 잔여 생존 연한은 5~10년 정도로 짧게 알려져 있었다. 그래서인지 파킨슨 환자들에게는 이 질병이 치명적인 공포의 적으로 인식되어 있었다.

#파킨슨병 관리에 효과적인 비결

첫째, 나는 주치의의 진단 처방을 믿고 투약 지시를 반드시 지켰다. 처방에 의한 '레보도파' 약을 정해진 시간에 정확하게 먹어 주었기에 그동안 단 한 번도 약 먹기를 빠뜨린 적이 없었다. 물론 약을 제시간에 먹지 않으면 신체 내외에 불편함이 느껴져서이기도 하였지만, 나는 그만큼 투약 관리에 우선했다. 약 복용 후의 후유증인 메스꺼움으로 한 시간 이상 식사를 못 할 때가 종종 있었다. 그래도 약은 제시간에 먹었다.

다음으로 나는 몇 년 동안 꾸준히 맞아온 수지침의 효과가 컸다고 본다. 수지침의 효과를 간접 경험한 딸(서아 엄마)의 간곡한 소원으로 수지침을 맞게 되었다. 처음 침을 맞는 날은 감각이 없었다. 지금과 같은 수지침에 의한 따끔한 통증으로 아픈 표정을 숨기느라 애쓸 필요가 없었다. 그만큼 내가 겪는 정신적 아픔은 그 가늘고 짧은 침이 내 몸을 찌르는 아픔에 비하면 아무것도 아니었다는 것이다.

또 한 가지 비결은 매일 흠뻑 땀을 흘려가며 치는 나의 벗

탁구 덕이다. 이미 몸이 부드럽지 못해 자세가 좋지 않아도 나와 탁구 게임을 거부하지 않고 응해주는 우리 탁구동아리 어르신들 언니, 오빠들 덕분이라고 생각하면 항상 감사한 마음을 갖고 살아간다. 경험으로 비추어 볼 때 탁구가 파킨슨의 기본 관리에 효과적인 비결이 되었다고 믿고 있다. 그 외 비결에 빠진 것이 있다면 모든 것을 알고 계실 예수님께 기도를 부탁드린 것이다.

#기억 속에서 사라질 인생길

아쉬운 것 한 가지는 어쩌면 금방 잊어버릴 내 삶의 모양새다. 내가 그토록 사랑하는 우리 손주들에게 할머니가 어떻게 기억되고, 나와 인연이 있던 지인들에게 어떻게 평가될 것인가도 또 하나의 관건이었다. 그동안 가족 간에, 친구 간에 그리고 직장 내에서 만났던 소중한 인연들이 이 글쓰기를 통한 성찰의 덕분으로 정화된 추억이 되어 영원히 내 가슴 속에 남겨지길 것으로 나는 믿고 바란다.

파킨슨병의 합병증이 다양하게 나타나 일상생활을 하는데 치유의 답이 없었던 것처럼 앞으로 병이 진행하여 치매로 갈 경우 나는 어떻게 나를 지킬 수 있을까. 내 기억을 보존할 수 있을까. 현재 나타나고 있는 파킨슨병의 징후들로 손이 굳고 목이 마비되어 말을 하지 못할 때, 기억마저 잃는다면 내 마음을 어떠한 방법으로 표현할 수 있을까.

지금은 글쓰기의 원고를 연필로 쓸 수가 없어 대신 컴퓨터 자판을 이용해서 조금 서툴고 느리게 조금씩 적어 나가고 있다. 그것도 한편의 기쁨이다. 그렇게 나는 살아온 지난날들을 추억하며 생의 도착지점을 향해 감사하며 살아가려 한다.

이쯤이면 그래도 나는 행복한 사람이지 아니한가? 발병 이후 아직 타인의 도움에만 의지하지 않고 생존의 본능을 쉽게 포기하지 않을 뿐 아니라 웃음기는 별로 없으나 우울에 끌려가지 않고 이만큼 잘 버티고 있으니 말이다. 이만큼의 투지와 용기가 아직 내재하고 있으니 얼마나 다행한 일인지 모른다. 그래서 나는 행복한 사람이다.

2. 패션 디자이너를 그리다

#꿈 많던 여고생

　1975년도, 여고 1학년 때 나의 담임교사는 사범대 국어교육과를 갓 나와서 본인의 출신 고등학교에 최초 임용된 경력 2년 차 풋풋하고 청순한 여선생님이었다. 낮은 굽으로 된 구두만 신는 새내기로 성씨는 조 씨라고 소개하셨다. 고등학교 7, 8년 직속 선배로서 인성이 부드럽고 온화한 막내 언니 같은 이미지로 우리를 사랑으로 보살펴 주셨다. 거기다 조 선생님이 고등학교 때 수업을 받은 은사 선생님도 같은 교무실 바로 옆자리에서 근무하고 계시니 교무실에서 나는 웃음소리는 한동안 끊이지 않았다고 한다.

　이토록 선배 선생님들의 사랑을 받는 우리 담임 조 선생님은 선배 선생님들과 장난도 치고 놀림도 당해 종종 얼굴이 빨개진 채로 수업에 들어오셨다. 1학년 교실이 본건물에서 거리가 멀어 불편함에도 불구하고 수업 종소리에 맞춰 뛰어오시면서도 항상 웃으시는 선생님이 우린 부러웠다. 그렇게 나의 고등학교 생활도 안정적이며 순조롭게 익숙해 가고 있었다.

　김천여고 1학년 4반, 즐거웠던 학창 시절을 지금도 생각하면 단합된 모범 반으로 각자의 활약이 컸던 몇몇 잊지 못할 친구들이 있었다. 그 시절엔 무슨 학교행사가 그리 많았는지 파트너를 바꿔가며 빙빙 도는 '베사메무쵸' 포크댄스 시연도 학생들은 잘 해냈다. 운동장 한편에서는 미술 실기대회가 열리고 수업이 공백인 선생님들이 테니스를 치고 있는 모습은 그림처럼 화려하게 다가왔었다.

사람들의 생각은 비슷한 듯 어느 날 갑자기 부러움의 대상이었던 테니스 구장의 풍경이 사라진 이유를 알았다. 운동을 하려면 학교 수업이 파한 이후에 테니스 구장을 이용하라는 교장 선생님의 지시가 있었다고 했다.

#우리 반 실장 미스 권

이어서 우리 반 실장이었던 미스 권에 관한 이야기도 잊혀지지 않는 추억으로 남아 있다. 실장 미스 권은 보조개가 있어 더욱 발랄해 보이고 더 매력이 있었으며 교사 중 가장 막내인 우리 조 선생님보다도 더 언니 같을 때도 있었다. 미스 권은 교내 합창경연대회 준비과정에서도 노련한 지휘자로서 나에게는 입 모양만 해달라는 요구도 서슴지 않고 했다. 그러나 나는 왠지 그에 대한 노여움이나 서운함은 없었다. 담임 선생님보다 키도 더 큰 미스 권은 그녀의 친언니가 우리 학교 3학년에 재학 중이었는데 그 언니도 그 반의 실장이라는 소문도 있었다.

아무튼 우리 반 실장은 앞에 앉은 우리 꼬마 친구들의 언니 같았고 인기가 많았다. 자율시간이 어쩌다 돌아오면 그녀는 본인을 포함한 우리 60명 소녀에게 필요한 성교육시간을 가졌다. 강의도 제법 잘했다.

모두 귀를 쫑긋 세우고 우리 청소년들에게 필요한 버스 안에서의 손잡이 에티켓, 여성들이 챙겨입어야 할 속옷, 여성의 옷차림에 따른 남학생의 성욕 수위, 평소 준비해야 할 위생 물품 등 각자 소녀들이 알고는 있지만 부끄러워 쉽게 꺼낼 수 없는 이야기들을 들을 수 있는 특별한 시간이었다.

고등학교 1학년 초반이면 아직 미모가 드러나지 않을 때인데 그 애는 달랐다. 미스 권은 딱 맞는 허리에 줄을 세워서 다림질한 흰 블라우스는 몸에 착 들러붙어 맵시가 장난이 아니었고 안 그래도 선망의 대상이던 언니 같은, 또 선생님 같은 친구였는데 스타일이 항상 멋스러웠다.

그때 나는 사춘기로 '나도 예쁘게 가꾸어 늘씬한 몸매에 저렇게 멋진 교복을 입고 부티 나게 살고 싶다'는 생각을 했다. 나도 '예쁘게 옷 입고 여러 사람 앞에 서서 내가 지닌 지식이나 나의 이야기를 하고 싶다'는 생각이 강하게 일어났다. 그때 나는 인생이 길다고만 믿고 있었을 때였다. 꿈들이 많이 있었으니까.

해가 바뀌어 새봄을 알리는 새싹과 함께 우리는 2학년이 되었다. 그때는 지금 시대와 달라 교육대학 진학 외에는 대학 진학에 대한 관심이 그리 많지 않았다. 그때만 해도 남아선호 사상이 팽배하였던 시절이었고 무엇보다 경제적으로 온 국민이 어려울 때라 여자아이들이 고등학교에 진학한 것도 학업운이 있는 애들이었다.

그 당시 지원자가 제일 많은 희망 직업군이 교사, 공무원, 여군, 화가, 패션 디자이너 등으로 얼마든지 주어진 시간에 나의 꿈을 이룰 수 있을 것 같았다. 이러한 소망을 꿈꾸며 봄날의 학창(學窓)에서 안일한 생각을 하는 동안 다음 주로 다가온 중간고사를 앞두고 있는데, 우리는 백목련의 매력을 탓하며 바람이 들고 말았다. 우리 반 친한 친구 네 명은 그때 한창 유행하던 하이틴 영화가 보고 싶어 영 공부가 되질 않았다. 결국 우리 네 명의 친구는 평화동에 있는 아카데미극장 안으로 앞뒤 전후 눈치를 보며 살며시 들어갔다. '이틀 후인 월요일부터 중간시험인데도 공부 전에 머리를 좀 식혀야 한다' 그렇게 이유를 만들어 가면서 말이다.

지금은 나의 올케언니가 되어 있는 나 대표가 주동하였다. 그러나 시험 준비는 해야 하는데, 더욱이 밤을 쪼개서 공부해도 모자라는데 영화의 장면들이 떠올라 통 시험공부를 할 수 없었으니 시험 결과야 뻔하지 않았겠는가. 영화 제목도 임예진, 이덕화가 주역을 맡은 '진짜 진짜 잊지 마'로 지금도 잊히지 않는다. 영화 보러 가자고 주동한 사람은 우리 올케언니(나 대표)인데 시험성적은 우리 중에 제일 잘 나온 것으로 알고 있다. 성적 하면 그래도 우리 넷 중 구미여중 전교 1등 이력이 있는 옥연이인데….

아무튼 우리 올케언니는 그때부터 대충해도 뭐든지 잘했다. 시험 나흘째를 하루 앞두고 4인방 중에 가장 진중한 애는 진숙이였다. 진숙이가 다음날이 세 과목 치르는 시험 마지막 날이라며 책을 한 보따리 갖고 내 자취방으로 들이닥쳤다.

나도 밤을 새워야 할 입장이라 오케이하고 둘이서 졸다가 깨다가 하며 새벽 4시를 맞았다. 오월의 날씨치고는 춥다고 느껴 연탄불 마개를 열어놓는 바람에 연탄불 갈 시간이 안 되었는데 빨리 연소 되어 동그란 구공탄이 살색으로 바뀌었다. 불도 조금밖에 남아 있지 않았다. 당연히 연탄불이 꺼지지 않게 검은 연탄으로 갈아 넣고 아궁이 구멍을 활짝 열어 놓았다.

그런데 그날 아침 문제가 생겼다. 연탄가스가 우리가 시험공부를 하던 방으로 새어 들어와 두 시간 전까지 시험공부 하다 잠깐 잠이든 두 소녀를 위협한 것이었다. 편치 않은 이유로 잠에서 깨어나니 머리가 아프고 흔들렸다. 그사이에 가스중독의 기미를 알아챌 수 있었다. 천만다행으로 연탄불을 갈고 바깥문을 열어놓았기에 망정이지 예전같이 문단속이 확실했다면 우리는 아마 그 강을 건넜을 것이다.

어쨌든 이 사건이 발단이 되어 아버지는 며칠 후 성적표 결과가 나오자 바로 아버지와 가족들이 사는 상주여고로 전학시키기 위해 행정 절차를 밟으셨다. 그때 전학을 말리시는 1학년 때 담임 선생님의 손을 미련 없이 밀치고 나는 아버지가 계신 교장실로 달려갔다. 그것이 잘한 것인지 잘못한 것인지 모르겠다. 지금도 선택의 아쉬움이 남아 있는 것은 무슨 조화일까.

#김천여고에서 상주여고로

이것으로 나의 학교생활 12년 동안 여섯 번의 잦은 전학은 종지부를 찍었다. 나 같은 사람도 전학 후에는 내면의 갈등이 찾아와 대학에 진학한다는 것은 여러 가지 정황상 역부족이었다. 나는 아버지께 재수시켜 달라고 졸랐지만, 허락지 않으셨다. 내 아래로 동생이 둘이나 있고, 우리나라 여자들에게 학업에 주어진 시간은 얼마 되지 않는다며 공무원 시험을 치라고 하셨다.

그 또한 시험 준비 일정표까지 당신이 직접 짜서, 아직 교과서도 치우지 않은 책꽂이 위 벽에 내 것이 아닌 아버지의 월별 학습계획표를 붙여 놓으시는 것 아닌가. 아버지가 작성한 아버지의 월별계획표는 '예시'라고 했다. 나는 호적상 생년월일이 미달하여 고등학교를 졸업한 그해 연도에는 시험칠 자격이 안 된다며 취업하겠다고 고집을 부렸다.

화가 나신 듯 아버지는 몇날을 말씀을 안하셨고 내 눈치만 보는 듯하시더니 3월 어느 날 나를 불러 진로에 대한 의향을 마지막으로 물어보신다며 나의 눈치를 살폈다. 나는 어떠한 수를 써서라도 아버지의 생활권역에서 빠져나가야 했다. 기술을 배우거나 자격증을 따보겠다고 대답하고 한동안 아버지와 대면을 기피했다.

결국 나는 수도권 중소도시에 있는 양장 스타일학원에서 재단을 포함한 옷에 대한 기본 개념을 1년 과정을 통해 열심히 익혔으나, 그 수준으로는 어림도 없었다. 이후 4년 동안 대구, 마산 등 삶의 현장에서 마치 '인간극장'의 주역인 양 이리저리 뛰며 나름 역할을 다하려고 노력했다. 작은 일에서부터 아주 고단한 일들을 찾아가며 주인 경영주의 마음에 들려고 갖은 노력을 다하였다. 그러나 패션업계의 기성복 양산과 대기업의 문어발식 기업 확장으로 일자리는 점점 줄어드는 것이 피부로 느껴졌다.

나는 나 스스로 선택한 5년간의 모순된 세월을 뒤로한 채 패션 디자이너의 꿈을 접어야 했다. 집에 오자마자 공무원 시험을 준비하라는 아버지의 요구를 받아들였다. 1980년대 초, ○○물산 등 대기업의 패션계 진입도 계절마다 고민하던 취업 위기를 벗어나고 싶게 만든 요인 중에 하나였다.

그러나 내가 패션 디자이너를 동경하며 그 업에 겁도 없이 뛰어든 것은 나의 인생에 있어 찐한 양분이 되었다. 어느 분야든지 그 업계의 장인이 될 만한 집념과 인내가 있어야 저만의 저력으로 경쟁에서 뒤지지 않는다. 한 번뿐인 인생에 책임을 져야 하는 선택의 중요성을 일깨워준 귀한 시간들이 되었다. 나에겐 감당하기 어려운 인생 교육의 아슬아슬한 기회였던 것이다.

3. 의상 패션의 꿈과 현실

#삼각로타리 의상실 재단사

내가 패션 디자이너란 직업에 관심을 두게 된 것은 일시 충동적인 선택과 행동이 아니었다. 우리 반 실장이었던 미스 권과 디자인을 전공한 미술 선생님의 영향이 있었겠지만 정작 결심을 굳히게 된 것은 모암동 삼각 로타리에 있는 어느 의상실 재단사의 영향이 제일 컸다고 할 것이다.

학교 뒷동산의 낙엽이 하나둘씩 떨어질 무렵 엄마는 거의 1년 만에 자취방에 찾아오셨다. 상주에서 김천까지 기차를 타고 내가 수업 마치는 시간에 맞추어 오신 것이다. 그 무렵 나는 김천여고와 김천여중 그리고 모암초등학교가 부속학교인 양세 학교가 나란히 서 있는 중간 쯤에서 자취를 하고 있었다.

엄마는 사전 연락도 없이 오셔서 토요일이라 일찍 하교하는 나를 붙잡고 짬뽕부터 사주시더니 어디 좀 가자는 것이었다. 그리고 엄마는 그날 오전 김천에 미리 오셔서 몇 개의 의상실을 둘러보신 후 좀 괜찮다 싶은 코트를 이미 골라놓은 의상실로 데려가는 것이었다. 그날 엄마의 정을 느낄 수 있었다. 지금까지 우리 엄마가 그만큼 멋지게 보인 적이 없었다.

그로부터 2년 후 그토록 멀고 험한 패션 디자이너라는 직업을 선택할 줄이야 어찌 상상이나 했겠는가? 아무튼 그 의상실의 주인아줌마는 내 신체 치수를 재더니 원단을 보여 주며 최고 따뜻한 순모라며 권하였다. 그리하여 내가 원단을 고르고 있을 때 그곳 쇼윈도에서 완성된 여학생 코트를 홀쭉으로 가져오는 재단사 언니가 얼마나 예쁜지 나는 반하고 말았다.

'여자로 태어나면 미모도 중요하겠지만 멋도 부릴 줄 알고 소위 말하는 명품백 하나 정도는 가지고 있어야 멋쟁이로 인정해 주지 않을까'하고 생각했다. 숏컷의 그 언니를 다시 쳐다보니 날씬한 몸매에 긴 얼굴의 세련된 미녀였다. 카리스마 또한 남달라 나를 이 분야에 뛰어들게 한 1등 공신은 당연히 재단사 언니였다는 생각이 든다.

아무것도 모를 나이에 단지 용기만으로 시작했던 나의 그 집념과 근성은 그때나 지금이나 별반 차이가 없다. 그 어떤 일이든 결정 시점이 오면 그 기질이 나왔고 그것이 적중했을 때는 특유의 쾌감과 만족감을 느끼곤 했다. 그러나 당시 양장 업계는 세련된 기성복에 밀려 이미 사양길로 접어들었다. 나는 그것을 모른 채 그 영역으로 들어섰던 것이다.

1970년대 후반, 어떤 업종이든 마찬가지겠지만 양장 및 재봉 일에 종사하는 근로자의 환경조건은 실로 열악하였다. 근로자들이 받는 보수 또한 지금의 최저임금을 보장받지 못했다. 재단실이나 재봉공장 환경은 먼지와 시끄러운 재봉틀 소리 속에서 근로자들은 묵묵히 맡은 일을 해내야 했다. 추동 시절에는 자정이 넘도록 라디오를 켜 놓은 채 다리미를 눌러대며 제품 완성일을 맞추기 위해 악전고투 해야 했다.

일찍부터 치마단 뜨며 재봉틀 기능을 익힌 미싱사 밑에는 상, 중, 하단 보조가 있었다. 또 A, B, C 등급별 인력들은 손 빠르기가 보이지 않을 정도로 숙련된 기능공으로서 단 올려 뜨기 등을 기가 막히게 잘했다. 그러나 정작 보조로 진급하려면 수년이 걸려 그 세계에서 이름이 알려지고 인정되어야 보수도 제대로 받고 취업이 가능했다.

#의상실 재단 보조로 일하다

1년 과정인 디자인·스타일 학원을 마치고 첫 번째 일터인 대구 어느 의상실에서 재단 보조로 일할 때였다. 밤늦게까지 시린 발을 참아가며 야근을 한 뒤에도 난방이 안 되어 온기 없는 방에서 잠을 자고 나면 발에 동상이 걸려 있었다. 해마다 그맘때가 되면 너무 가려워서 발을 긁으면 상처가 날 만큼 질리도록 가라앉지 않았다. 그 발이 온전해질 때까지 족히 10년은 걸린 듯싶다. 그럼에도 불구하고 비수기가 되면 의상실 인원 감축에 따라 양장 철이 올 때까지 집에서 대기하든지 다른 직종이라도 일을 찾아야만 했다. 나 역시 예외는 아니었고 어쩔 수 없는 현실이었다.

재단 보조로 일 할 때였다. 주로 마산, 진해, 충무 쪽에서 근무했기에 집으로 돌아오는 길에는 아구찜 할 재료와 과일 봉지를 힘겹게 들고 초인종을 눌렀다. 제일 먼저 대문을 열어주는 사람은 역시 아버지였다. 아버지는 내가 일부러 더 밝은 표정을 짓고 있다는 것까지 다 알고 계셨으니 얼마나 마음이 아프셨을까? 그러나 아버지는 직업을 잃고 돌아와 시름에 잠겨 있는 내 뒷모습을 보면서도 말없이 믿어주셨다.

음력설이 다가오자 나는 막차를 탄 양 정규 재단사로 2개월 동안 야근까지 하며 열심히 일했지만, 다음의 불확실한 재취업에 대한 갈증은 항상 남아 있었다. 그리하여 임시휴직으로 간주하고 집으로 돌아온 날부터 다음 시즌, 즉 춘추복 제작 시즌까지는 어디로 가야 할지 고심할 수밖에 없었다. 일자리 얻기에 신경을 몰아야 하지만, 경력이 짧은 기술자들은 인지도가 낮아서 취업하는 데에 더 애로사항이 있었다. 그때만 해도 직업안내소에는 많은 구직자들이 자신의 주특기를 내세우며 자기 이력서를 직업안내소 소장에게 제출하고 호명되기만을 기다리고 있는 것이 다반사였다.

금세 다가오는 봄 시즌도 따뜻한 훈풍이 불어오기 전에 직업안내소에 구직 신청을 해 놓아야 취업이 될까 말까였다. 봄은 짧고 여름의 의상실은 농한기나 다름없었으니까 말이다. 양장업에 뛰어든 지 5년이 다 되어 가지만 그 계통에서는 아직 병아리 단계에 있는 나로서는 보조의 자리도 확고히 하지 못해 미리 직업안내소에 구직 신청을 냈다.

#패션 디자이너에서 공무원의 길 선택

이른 봄 어느 날, 내가 갈 자리가 있는가 하며 조마조마한 마음으로 전화기를 들었다. 대구 직업안내소에 재단사 자리 또는 재단 보조 자리라도 알아봐 달라고 부탁하는 나의 애절한 목소리를 이번에는 아버지가 정확하게 들으시게 된 것이다.

아버지는 몇 년 동안 어린 딸이 겪은 삶의 현장이 얼마나 치열했는가를 금방 알아채시고 아무 말 없이 안방으로 들어가셨다. 그리고 이날을 기점으로 나의 패션 디자이너에 대한 환상은 실망으로 바뀌면서 끝을 알리게 된 것이다. 아버지는 이직하겠다는 나의 약속을 받아 냈고 나는 패션 디자이너의 원대한 꿈을 이루지 못한 채 아쉽게도 객지 생활을 마무리하였다. 젊은 시절, 5년을 방황 아닌 고난 끝에 사회와 경제 그리고 돈의 소중함을 조금이나마 알게 되었다.

그러나 다행인 것은 다시 집으로 돌아와 재기할 수 있도록 해주신 사랑하는 아버지와 가족이 있어 수년 동안 고생한 체험을 스스로 얻어낸 생명의 양식으로 순화시켜 나를 강하게 성장시킬 수 있었다는 점이다. 먹이를 먹여주는 단순함보다 어렵고 고달프지만, 세상 살아가는 이치를 깨우쳐 주신 아버지는 우리 자식들에게는 세상에 둘도 없는 최고의 아버지였다. 1982년 지독히 가물었던 여름, 나는 아버지의 적극적인 응원에 힘입어 그해 9급 공무원 시험을 통과하였다. 이후 30년의 공직생활을 마칠 수 있었고 현재는 은퇴한 남편과 함께 포도 농사를 지으며 느리게 사는 법을 익히며 살아가고 있다.

나는 패션 디자이너의 꿈을 갖고 험난한 길을 걸었지만, 현실과 타협하며 공무원의 길을 선택하게 되었다. 하지만 과거의 경험들은 나를 강하게 만드는 원동력이 되었다. 이제 꿈을 이루는 과정에서 겪는 모든 경험이 결국은 삶을 더 깊이 있고 풍요롭게 만든다는 것을 배웠다. 실패처럼 보이는 순간들도

1980년도 저자가 제작한 블라우스의 디자인.

우리를 성장시키는 중요한 경험들이다.

따라서 어떤 길을 가든지 그 길에서 최선을 다하고 자신의 삶을 사랑하는 것이 중요하다. 꿈은 포기했더라도 그 과정에서 얻은 경험들이 우리를 특별하게 만들 것이다.

4. 시할아버지와 손부

#시할아버지의 내리사랑

　신혼여행을 경주로 해서 부산으로 다녀왔다. 혼사를 치르는 데에 이것저것 복잡하게 걸리는 것들이 많았다. 아무것도 모른 채 내 두 눈엔 콩깍지가 씌어져 오로지 신랑의 그림자만 밟고 다닐 수 있어도 살 것 같은 좋은 시절이었다. 그때는 뭣이 그리 서로 좋았는지 내가 원하는 것은 무엇이든 다 들어 주는 것 같았다.

　내가 보아온 남자 중에 남편이 가장 진중해 보였고, 두 눈이 짝짝인 쌍꺼풀도 내 눈에는 보기 싫지 않았다. 더욱이 집에서 시댁 부모님이 장남을 대하는 모습은 훌륭한 아들을 가진 흐뭇하고 만족스러운 여유로 느껴져 좋았다. 우리 친정의 분위기와는 사뭇 다른 분위기였다. 물론 친정과 시집의 분위기를 견주어 우열을 가리기 위해 이 이야기를 꺼낸 것은 아니다. 왈그락 달그락 소리내며 직설적으로 살아오면서 생성된 우리 친정의 전투적인 분위기와 가족 모두가 각자의 모던한 패턴 속에서 조용히 사는 시집의 분위기는 대조적이었다. 그때까지 누리지 못한 느림의 미학을 지닌 시집 분위기 자체가 색다른 새로움이었다.

우리 부부의 신혼집은 별도로 장만하지 않았다. 부모님 집 월세방에 살던 사람의 방을 빼고 시부모님과 함께 사는 방 4개로 된, 기역 자 모양을 한 보통 기와집이 신혼집이었다. 월세를 놓던 끝방이 신혼 방으로 단장되어 있어 장롱이랑 화장대를 갖다 놓으면 되었다. 공무원 시험을 같이 치렀으나 아직 발령이 안 난 새신랑은 3개월을 더 임용장을 기다리며 내가 시집올 때 가져온 '한국문학전집'을 탐독했다.

평소 독서를 좋아하던 새신랑은 그 이후에도 넉넉지 않은 형편임에도 책을 많이 사들였다. 지금은 아파트로 와서 애들도 결혼하여 텅 빈 방을 남편의 서재로 따로 사용하고 있다. 취향 컨셉의 대표적인 책이 미시건주립대학교 로버트 루트번스타인 교수와 부인 미셸 루트번스타인이 동반 저술한 《생각의 탄생》과 아랍, 이슬람 문명을 다룬 번역서 《역사서설》 등이 보기만 해도 어렵게 보이건만 제일 잘 보이는 곳에 꽂혀 있다.

책 제목이 딱딱한 것처럼 사람도 무뚝뚝하게 닮아가는 듯하다. 나는 신혼 초, 넓지 않은 집에서 8년 동안 두 아이를 어른들에게 맡겨놓고 직업 현장에 나가 일하고, 퇴근 후엔 지친 몸이 고단하고 야속해 가족들과 지지고 볶으며 살아왔다. 지난날을 돌이켜 보니 새롭고 위대하다. 다 지난 일이니까 이리 태연하게 회상할 수 있지만 그땐 누구랄 것 없이 애들이나 어른들이 지쳐있을 때가 많았다.

  요즈음 젊은 세대들은 육아도 집안일도 양분해서 잘도 하지만, 우리 젊은 시절에는 맞벌이 아내들은 모두 슈퍼우먼이 되어야 했다. 그러나 남편은 위와 같은 환경에 적응하여선지 점점 재미없게 변해가고 있었는데 삶에 묻혀 있는 나는 그걸 모르는 채 살았던 것 같다.

  그 시절에도 우리 가족은 가메실 마을의 언덕 중간 막다른 골목에 있는 청기와집에 4대가 살고 있었다. 내가 퇴근하여 집 대문을 열고 들어가면 적어도 2대에 걸친 어른들이 반갑게 반겨주었다. 사랑하는 나의 아들과 시할아버지께서 나를 보자 반가움에선지 해방감에선지 절절히 환호해 주셨다. "엄마 왔다"하고…. 할아버지는 돌아가시기까지 내 편이셨다.

  1907년 출생이신 할아버지는 그 당시 경로당에서 존경받는 고문 자리에 계셨다. 그 시절에는 장수하셨다는 84세의 연세로 운명하셨다. 할아버지의 마지막 1년 6개월은 당신이 제일로 예쁘다고 인정하시던 나의 시어머니이자 맏며느리의 요양 케어를 받으셨으니, 행복한 분이시다. 또 손주며느리인 내가 차려드린 마지막 미음을 드시고 음력 6월 14일 저녁, 폭염 속에서 하느님 나라로 가셨다. 마침, 기다리신 듯 대구 작은아버지 내외가 찾아보러 오신 날 임종을 맞으셨다. 고령인 할아버지께 철없이 대했던 나의 행동이 아쉽고도 부끄러웠다.

며칠 전에 시조부님의 기제사 때도 그렇게 무지막지한 폭염이 있었다. 이어지는 무더위를 지금 누워계신 구순의 시어머니도 잘 넘기셔야 할 텐데 걱정이다. 어머니 요양 케어를 위해 칠십이 넘은 시누이 형님이 서울의 일들일랑 모든 것을 뒤로 하고 엄마 곁에 와서 고생하신다. 말만 꺼내도 송구스럽다.

#'하빈이가' 세보 작성은 어떻게

할아버지가 돌아가시기 약 3년 전에 '하빈이가(河濱李家)' 종중에서 보낸 우편물이 도착했다. 세보 만든 지가 오래되어 뒤에 후손들의 이름이 없어 세보를 다시 해야겠으니 협조해 달라는 내용인 것 같았다. 할아버지는 나와 이 집 장남인 남편을 당신 방으로 부르셨다. "구비서류 필요하니 치국 에미가 좀 수고 해달라"는 말씀을 하셨다. 당시 나는 면사무소 호적계에 근무하며 한자 쓰기가 친숙한 편이었다.

나는 두말없이 해보겠다고 하고 그날로 할아버지의 지도하에 세보를 작성하기 시작했다. 제적부를 발급받아 한 달 정도 지나니 그럴듯한 작품이 나왔다. 할아버지는 꼼꼼히 메꾸어진 세보 기록내용을 보시고 만족해하셨다. 그리고는 그게 다였다. 그 후로는 세보에 대한 말씀을 안 하셔서 우리는 여태껏 '하빈이가' 세보를 잊고 있었다.

35년 전에 내가 작성해 드린 세보는 무슨 이유인지 발간이

미뤄진 채 서재 한곳에 기존 세보 책에 그대로 접혀 있었다. 펴보니 역시 익숙한 먹물 펜글씨가 가지런히 씌어 있었다. 반가웠다. 내가 봐도 그때가 더 잘 썼다. 지금 다시 하라 하면 그만큼 챙기지도 못할 것은 물론이고 손이 떨려 쓸 수도 없을 것 같다.

할아버지는 그러는 사이에 편찮으셨기 때문인지 미처 족보 완성을 못 하신 채 말씀하실 기회를 놓치신 듯하다. 그럴 분이 아니신데, 건강에는 장사 없다더니 할아버지는 후손들에게 당부하고 싶은 말씀조차 순간에 다 잊으신 듯하다. 기존 세보를 펴보려니 또 뭔가가 책 속에서 떨어졌다. 대구 작은아버님의 글씨로 당신의 직계비속에 대한 이력이 적혀 있는 종이였다. 기록을 보면 대구 작은집에는 공학 박사도 치의학 박사도 있었다.

이제 호적이란 단어가 가족관계 제도로 변경되면서 우리 현대인들의 조상에 대한 뿌리 인식이 많이 가벼워지고 있음을 피부로 느낄 수 있다. 35년 전에 세보 작성을 시조부가 시도하셨듯이 미래 후세에도 어느 시점에서 어느 후손이 관심을 갖고 세보 제작을 실행해 나가기를 기대한다. 그 또한 기억의 재발견에 대한 결과물이 될 것이다.

5. 나의 유년 시절

#나의 고향은 음성

마을을 둘러싼 음성의 갈래 산맥 부용산 계곡은 우리가 살았을 때는 겨울날 바위 밑에 가재를 잡아 배 밑을 보면 까만 알로 가득 채워져 있었다. 사정리는 얼마 전까지 남해의 다랭이논을 연상할 만큼 아름다운 곳으로 기억하고 있다.

박경리 소설 《토지》에 나올 법한 오지인 산골짜기는 산세도 아름답고 우거진 숲이 나에게는 두려움도 주었지만, 아버지가 잠들어 계신 충북 음성(陰城)은 소리를 나타내는 '음성'과 같아서 어렸을 때는 지역명을 대답할 때 어리석게도 창피할 때가 있었다. 그러나 영원한 나의 고향은 음성이다. 아버지의 고향도 충북 음성이다.

제천지방의 겨울은 눈이 많고 바람이 맵섭게 휘몰아치는 풍경부터 그려진다. 지금은 관광지로 개발되어 청풍호 벚꽃 축제와 약초로도 유명하다. 80여 년 전, 아버지는 그곳 제천군 산골 초등학교에서 교편생활을 시작했다고 하셨다.

1950년대에는 전국 어디든 다 빈곤한 시대였기에 농사지을 땅 한 평 없는 이가 대부분이었으며, 그나마 노동력이 있는 가구에서는 화전을 일구어 근근이 살아가는 제2공화국 시절이었다. 박봉의 월급이었지만 규모 있게 생활하신 아버지와 지금도 지독하게 알뜰한 엄마이셨지만 그 시절에는 우리 집도 형편이 너무 어려워 월세방 얻기가 쉽지 않으셨다고 한다.

어쨌든 나는 초등학교 취학 전에는 시골 본가에 계신 할머니와 고모 그리고 작은아버지 가족과 함께 살면서 뭔가 허기진 생활을 했다. 아버지가 어렵게라도 월세방을 얻으려면 식구가 많다고 하여 나를 꼭꼭 숨겨놓고 주인집과 계약을 하고 계약이 끝나면 복귀시키는 셋방살이를 하였다고 했다. 특히 첫 조건은 평상시 주인이 사는 안채에는 얼씬도 안 하기로 해서 우리는 뒷문을 이용하거나 돌아서 다녔다. 4남매 중 둘째인 내가 무슨 조건으로 당첨이 되었는지는 몰라도 늘 엄마와 아버지를 시리도록 그리워하는 마음이 깔려 있었음을 어렴풋이 기억한다.

내가 다섯 살 때였다. 그해 겨울날 저녁이 되자 집안 아재가 작은아버지 집에 밤마실을 와서 나를 안아주었다. 그리고는 "엄마 보고 싶지? 아재가 엄마, 아빠한테 데려다줄까" 하며 설득 조로 말할 때도 나는 아니라고 고개를 저었었다. 데려다 달라고 한다면 엄마, 아빠에게 가고 싶은 간절한 마음을 들켜버릴 것만 같았다. 나는 그때부터 이미 사회의 좌우충돌 결과가 어떻게 된다는 것을 알고 있는 듯 눈치가 빨랐다고 한다.

나는 그날 밤잠을 설쳤고 새벽 동이 트기 전에 중틈마을 중간 지점에 있는 그 아재 집을 찾아가, 엄마에게 데려다 달라며 울고불고 난리를 쳤다는 것이 아니겠는가? 나는 그 아재로부터 엄마에게 데리고 간다는 약속을 받아 내고 할머니 집으로 돌아온 적이 있다. 새벽 쇠죽을 끓이고 계신 작은 아버지는 "새벽에 어디 갔다 오냐"며 호통을 쳤으며, 그 사실이 나의 부모님 귀에까지 들어갔지만, 그 사건은 잠깐의 이슈로 끝나고 그 이상의 변화는 없었다. 마침내 취학할 때가 되자 나는 할머니 집에서 가까운 사정초등학교에 입학을 하였고 1년 동안 통학길을 한두 살 많은 집안 아지매들과 같이 걸어서 통학했다. 지금 보면 거리가 그리 먼 것도 아니었는데 워낙 어리고 약한 1학년 신입생의 눈에는 그 길이 그렇게 멀었었다.

나보다 세 살 적은 바로 밑에 여동생은 어려서 부모님과 같이 생활하며 사랑을 흠뻑 받아서인지 얼굴도 덩치도 나보다 더 컸다. 애들이 얼마나 컸나 궁금해서 우리 집에 들른 일가 사람들은 '미란이 동생 더 예쁘다'는 말을 서슴지 않고 하고 갔다. 가끔 본가에 온 동생의 한 손에는 항상 과자 봉지가 들려져 있었다. 엄마 품도 그리웠고 과자도 먹고 싶어 서러움도 그만큼 크게 스며드는 저녁이었다. 그럴 때는 엄마 마음이 너무 멀리 있는 것 같아 스스로 서러워서 앙앙 울면서도 엄마 품속으로 먼저 파고들지 않았다. 그런 냉정한 여운이 계속 남아 있다.

이렇게 객지에서 나를 빼놓고 다섯 식구만 생활하시던 아버지 가족들은 방학을 이용해 시골 할머니 집에 오시는 날에는 나의 울음소리는 더 커지고 잦았다. 어린 나이에도 서러움이 북받쳐 나왔다. 나의 삶에 대한 자생력은 그때부터 스스로 단련되었는지도 모른다. 어리고 연약했지만, 겨울이 되면 골짜기 얼음 계곡에서 작은아버지가 만들어 준 썰매를 탔고, 작은엄마가 쪄 준 고구마를 아끼려다 너무 깊게 숨겨놓은 까닭에 까만 곰팡이로 뒤집어쓴 고구마를 버려야만 했던 적이 수도 없이 있었다.

없을 때를 대비해 비축하는 모습은 누가 가르쳐 주지 않는 것 같은데 방법을 아는 아이는 비록 욕심쟁이라 할지언정 자립심이 성장하는 것 같아 스스로도 대견했다. 하지만 신체적으로는 또래에 비해 여전히 왜소했다. 어른들이 관리가 소홀한 사이 터지는 돼지우리 출몰 사건에 나는 거듭 놀라며 자랐다. 엄마 없는 본가살이는 지금 생각해도 코가 맹해진다. 밤이 되면 악몽에 시달리는 현상이 나타나면서 가위에 눌려 잠을 깼을 땐 두려운 기운이 방안 가득 느껴질 때가 자주 있었다.

#드디어 초등학교에 들어가다

초등학교 1학년을 마칠 무렵 2월 말. 나는 우리 가족이 합류할 수 있는 여건이 마련되어 집과 학교와 가까운 거리에서 아버지와 같은 학교에 매일 같이 등교 할 수 있다는 이야기를 듣고 무척 만족스러웠다. 그러나 전학하던 날 아버지가 나를 데리고 간 곳은 1학년 교실이 아닌 더 낯선 2학년 교실이었다. 뒷면 벽에는 고추잠자리 맴맴 등 지난 가을에 반 전체 학생이 동시를 붙이고 그림을 그려 만든 수준 높은 작품들이 벽을 장식하고 있었다. 복도에는 곧 3학년으로 올라갈 나의 선배 어린이들이 유독 덩치가 작은 나를 보고 뭐 큰 구경거리라도 생긴 양 나의 행동거지를 뚫어져라 쳐다보고 있었다.

1학년 때 먼 길을 통학하느라고 학습 능력도 별로 좋지 못했거늘 아버지는 나를 2학년을 빼먹고 3학년으로 한 학년 높여 월반 전학을 시키신 것이다. 나는 아버지가 이해가 안 갔고 두려운 마음이 엄습해 오는데도 아버지 뜻에 따랐다. 국어 한 과목만 봐도 1학년 때는 쓰기, 2학년 때는 읽기, 3학년 때는 듣기를 중심으로 학습하는 진도 지침이 있었을 것이고, 아버지는 그에 대한 문제점을 너무 잘하고 있었을 것인데, 딸의 능력의 한계를 너무 소홀히 여기시고 또 혼자의 생각대로 하셨다. 그나마 1학년 때 그 정도의 성적으로 학년을 이수하게 된 것도 작은고모가 나를 공부하도록 학습환경을 최대한 맞춰주었고, 틈만 나면 잘한다며 칭찬과 추임새로 잘 이끌어 준 덕분이다.

그래서인지 아무튼 나는 지금도 초등학교 2학년, 3학년 과정은 자신이 없다. 산수는 작은고모 덕에 학교 진도 정도는 따라간 것 같은데 4학년이 되면서부터 문제가 생겼다. 1학년에서 바로 3학년이 된 나는 공부가 어려웠다. 4학년 신학기가 되자 천안 일봉초등학교로 또 전학을 가야 했다. 이번에는 복명동 가까이 있는 시내 변두리에 목재소 옆, 한약방 바로 다음 집을 사서 이사를 했다. 집을 살 때 비교적 그 집이 쌌던 것은 가까이에 하천이 있어 비가 많이 오면 상습적으로 물이 넘치는 낮은 지대로 1년 사는 동안 두 번의 이삿짐을 싼 곳이기도 하다.

아버지는 왜 한곳에 오래 근무하지 못하셨을까? 엄마는 그 이유를 아시는 것 같은데 지금 아흔의 연세에도 그 물음에 대해서는 일체 말씀을 안 하신다. 천안 시내 사직동에서 저 멀리 시골 팬들이 있는 일봉초등학교에 가는 길에는 하얀 비닐하우스가 쭉 늘어서 있다. 어떤 날에는 하우스 문이 열려 있었는데 그 안에는 거지들이 가족 단위로 웅크린 채로 단잠에 빠진 것도 볼 수 있었다.

평일에는 대부분 학교를 향해 재잘거리며 가는 어린이들의 모습을 부러운 듯 한참을 바라보고 있었다. 또 인근에는 보육원도 있었는데 우리 반에도 보육원 소속 아이가 2명 있었다. 그래서인지 돈이나 주요 물건 분실 사건이 가끔 있었는데 나도 지폐 몇 장이 없어진 적이 있었다.

그것은 선생님도 해결을 못 해주셨다. 도리어 분실한 아이가 더 나쁘다고 혼을 내셨다. 아무튼 나는 혼자 가는 날이면 겁에 질려 막 뛰어서 그곳을 순식간에 지나갔다. 드디어 전학하면서 문제가 된 과목은 수학이었다. 전학 공백 동안 세 자릿수 나누기 두 자릿수 형식의 나눗셈, 갑자기 학습 난이도가 높아지면서 헷갈리기 시작했다. 음력 3월 할아버지 제사가 있어 작은아버지가 오셨는데, 엉터리로 문제를 풀며 세 자릿수 나누기를 내 방식대로 하는 것을 보시고 답답하다며 여러 번 반복해서 가르쳐 주셨다.

4학년인 나는 빡빡한 스케줄도 문제가 되었다. 밴드부에 들어가게 됐는데 단체 연습 시간이 많아 아버지는 내가 리코더 부는 것을 못마땅히 여기셨다. 그러나 몇 달 후 학교 운동회 때 시내로 나가 시가행진을 하였는데 우리 학교의 밴드부 악장의 호루라기 소리에 발맞춰 행진하는 모습은 진풍경이었다고 했다. 도로를 행진해 가는 꼬리 끝에 배열되어 큰 북과 작은 북을 박자에 맞춰 행진곡과 함께 발맞춰 가는 나의 모습은 앙증맞고 귀여웠다고 했다. 그때 담임 선생님은 키가 큰 미남형으로 머리카락은 부드러운 웨이브 곱슬이었으며 그 당시에 검은색 선글라스를 즐겨 쓰셨다.

우리 담임 선생님이 학교에서는 제일 호랑이 선생님으로 알려져 있었다. 유리창 청소를 하던 날, 개구쟁이 소년들이 창문 커튼을 잡다가 창문 윗부분에 있는 연결 끈을 풀었거나 끊었거나 했었다. 그래서 유리창 커튼이 떨어져 버렸다. 선생님은 우리 반 아이들 모두에게 두 눈을 감고 그 자리에서 움직이지 말고 문제를 일으킨 사람은 살며시 오른쪽 손을 들어보라고 하셨다. 그러나 선뜻 나서는 사람이 없었다. 여러 명이 관련되니 누군가 대표할 투사가 없어서 결국에는 1시간 이상 우리는 맨발로 눈을 감은 채 이제 그 분위기에 빠져나올 수 있었으면 하고 간절히 바랐다.

시간이 지나자 훌쩍거리며 우는 애도, 답답하다며 가슴을 치는 애들도 있었다. 이를 보게 된 선생님은 반 아이들이 반성하는 태도가 불량하다며 더 화를 내셨다. 집에 보내주지 않겠다며 두 손을 높이 들고 바르게 앉으라고 호령하셨다. 솔직하게 자백하기를 바라셨고 또 그에 대해 용서를 빌면 봐주신다고 했는데 유리창 밖으로 창문에 올라간 애들이 많아 선생님도 구분이 안 되는 모양이었다. 그때 나는 오른손을 번쩍 들면서 일어났다. "선생님 제가 커튼 끈을 너무 세게 당겨서 끊어졌어요" 하는 거짓말은 소리가 떨렸다.

너무 긴 시간 벌서는 동안 나는 지쳤고, 선생님께 나의 잘못이라고 거짓으로라도 알리고 용서를 빌어야겠다고 마음먹었다. 그러자 선생님은 반 아이들에게 모두 일어나 제자리에 앉으라 하셨고 정직의 중요성을 강조하시고 범인이 여러 명으로 추측되어 범인 잡기가 더 어렵다시며 끝으로 커튼 끊은 사람은 미란이가 아니라는 것을 선생님은 알고 있다고 하셨다. 그만큼 나는 벌을 서거나 매 맞는 것이 무서웠다.

#6학년 담임 사모님은 멋쟁이

우리 가족은 사직동에 살았다. 사직동에서 일봉초등학교에서 4학년 과정을 마쳤는데, 그해 1년 동안 장마철에 하천이 넘쳐, 이삿짐을 쌌다 풀었다 하기를 두 번이나 했다. 집의 지대가 인근 하천 둑보다 낮아 그 해는 하천 범람 위기에 처해 간을 졸인 해였다.

아버지의 정착된 가정생활은 내가 5학년이 되면서부터다. 그때부터 아버지는 독서와 신문을 가까이하셨다. 나는 조금씩 안정을 찾기 시작했지만, 남에게 지기 싫어하는 나의 행동들이 생활 속에서 드러났다. 본인 주도의 자존감도 높아 의견충돌도 꽤 있었는데, 결국 보기와 다르게 양보하는 편이었다. 나는 뒤끝이 없었다.

5학년 때 반장은 여자아이였는데 마음이 푸근하고 영리했다. 자습 시간이나 방과 후에는 다섯 명이 어울려 학교 놀이를 하였다. 반장이 선생님 역할을 했고, 나머지는 진짜 학생 위치에서 책을 읽고 발표도 했다. 학교 놀이는 그 당시 배우던 교과서로 했기 때문에 공부에도 도움이 되는 것 같았다.

선생님인 반장은 대답이 틀려도 웃어주었기에 누구든 학생이 되어도 창피하지 않았다. 반장 선생님은 본문을 일정 구간 읽어주고 질문을 하는데, 기가 막히게 선생님과 똑같이 했다. 그 애는 훗날 교사가 되어 있을 것이다. 아니 더욱 훌륭한 직업을 택해 잘살고 있을 것이다.

어린 초등학교 시절에 그토록 잦은 전학으로 또래 친구들과 쉽게 어울리지 못하고 힘겹게 살아왔을 내 삶의 초년기에 어떤 위로를 해주어야 할까? '형편이 그랬으면 그럴 수도 있지' 하는 생각을 하면서도, 가녀린 소녀에겐 삶의 무게가 꽤 무거웠음을 나는 느낀다. 글쓰기가 기억의 재발견임을 인식하면서, 나는 다시 한번 나 자신에게 위로를 건네고 싶다.

5학년 수학 교과과정의 주산과 암산은 여기저기 전학 다니던 틈바구니에서 놓친 부분이 많다. 지금도 주산은 쓰이지도 않지만 어렵다. 또 천안초등학교는 시내 한복판에 있어서인지 교내 행사도 많았다. 여자아이들의 단체 매스 게임은 많은 연습 끝에 질서정연하게 잘되었다는 평을 받았다. 그때 단체로 맞춘 긴 허리의 노란 원피스는 끝이 닳도록 입었다.

6학년 때 담임 남민우 선생님! 예쁜 부인을 둔 이유에서랄까. 매일 웃는 얼굴상이었다. 어느 날은 선생님이 관외 출장이 있어 긴 시간을 자습으로 메꾸고 있는데, 오후 시간에는 선생님의 부인, 즉 사모님이 오셔서 노래도 가르쳐 주시고 좋은 이야기도 해준 것으로 기억이 난다. 노래 제목은 '원숭이 두 마리'였는데 가사 내용은 이러하다.

"원숭이 한 쌍이 결혼하여 힘껏 안고 키스를 하네/ 어찌나 힘껏 안았는지 소리 내 우네// 키스를 하다 입술이 터져 반창고로 붙이려다…."

큰 눈에 파란색 쉐도우를 넓게 펴 바른 사모님은 결혼 1년 차 신혼이었는데, 얼굴이 빨개지면서도 열심히 가르쳤다. 또 졸업을 앞둔 우리를 위해 그즈음 막 신곡으로 나온 이미자 씨의 '서울이여 안녕'을 가르쳐 주셨다. 우리 소녀들은 그러한 감성을 가지신 그때 그 사모님이 존경스러웠고, 그 이후 오랫동안 가슴속을 맴도는 추억이 되어 버렸다.

꿈에 부푼 중학생이 되었다. 가톨릭 재단의 학교였다. 교장 선생님이 수녀님이었고 교사 중에도 수녀님이 꽤 많았다. 교사 수녀님들은 여학생들 훈육에도 엄격하셨다. 갓 입학한 여학생들에게 속옷 챙겨입는 지도를 철저하게 하는 바람에 체구가 미달인 나는 체격에 맞는 속치마를 구입할 수도 없었다. 토요일 방과 후에 나는 속치마를 사기 위해 고모와 같이 천안시장을 몇 바퀴 돈 결과 가장 작은 사이즈를 구했지만, 어깨 부위를 집어서 꿰매어야만 입을 수 있었다. 그렇게 나는 늦게까지 크지 못하고 하늘은 나의 성장에 인색하였다.

작고 약한 소녀는 여러 번의 전학과 이사, 학업에 대한 부담감 등으로 외로움과 두려움의 연속이었을 것이다. 그것이 아무리 시대와 집안 사정 때문이라 할지라도 고통은 고통이었다. 덕분에 자생력 하나는 강인하여 '하면 된다'는 긍정적 사고방식이 어릴 때부터 갖추어져 있었다. 그래서 나는 아버지의 솔직한 심성과 성실한 가치관을 최고로 존경한다. 다음 해에 아버지는 당신이 원하시던 대로 초등학교 교사에서 고등학교 교사가 되는 기회를 잡으셨고, 우리를 안정된 환경 안에서 생활할 수 있도록 많은 노력을 하셨다.

6. 아버지와 딸

#아버지는 누에고치 선생님

1970년대 초 우리나라는 농업진흥정책의 하나로 잠업 산업이 들어오며 농업학교에 잠업 교육과정이 급하게 필요했던 때가 있었다. 정부는 일본에서 새로 도입되는 양잠업 산업에 관해 가르칠 수 있는 교사가 부족함으로써 특단의 대책을 강구했다. 초등학교 교사 가운데 또는 전국 교사들을 대상으로 농업고등학교에 근무를 희망하는 사람의 신청을 받아서 일련의 교육 후 시험을 거쳐 각 학교에 배치하는 기회를 부여했는데 아버지는 그 찬스를 잘 잡으셨다.

"김 선생님 합격하셨습니다. 1위입니다." 어느 날 도착한 엽서 한 장. 아마도 도교육청에서 실시한 잠업 지도교사 선발 시험 결과가 도착 되었던 것으로 나는 기억한다. 경상북도 교육청에서 아버지께 중등학교 교사 임용 순위 고사 결과를 보내온 것이다. 며칠 후 엽서를 손에 쥔 순간 기뻐서 빨갛게 상기된 아버지의 얼굴을 나는 지금까지 잊지 못한다.

짐작건대, 전직을 희망한 교사 가운데 얼마간의 교육과정을 거쳐 시험을 치른 후, 성적 순위대로 농업고등학교에 배치하는 것을 알리는 중요한 통지문인 것 같았다. 우편으로 날아온 엽서를 내가 받았고 또 내가 멀리 계신 아버지께 우체국에 가서 교환 전화로 내용을 불러 드렸었다. 내게 결과를 묻고 또 다시 묻고 하신 것을 보면, 아버지 자신도 믿기지 않으셨던 모양이다.

그 무렵 나는 아버지가 근래 무엇을 하시는지 또 무엇 때문에 집에 안 계시는지도 모르고 친구들과 뻰 따먹기 놀이를 매일 저녁 늦게까지 하느라고 아버지의 행방은 관심 밖이었다. 천안 문화동에서 뻰 치기의 달인인 양 티를 내었다. 입고 있는 빨간 스웨터에는 실뻰이 두 줄로 정리되어 주렁주렁 매달려 있었다. 아버지의 부재를 기회 삼아 실컷 놀고 있던 초등학교 6학년 겨울방학 때였다. 우편엽서가 도착한 날도 나는 우리 집 대문 앞 빈터에서 넓적한 실뻰을 내 손에 넣기 위해서 땅 위에 그려진 동그라미 안의 실뻰에만 정신이 집중되어 있었다. 그런데도 우편엽서가 나의 눈에 뜨인 것은 천만다행이었다.

방금 전에 받은 엽서에 '1위'라는 전언은 누에고치의 산 고장인 우리 경상북도 지역에서 치러진 잠업 교사 임용 순위 고사 성적이었다. 그것은 아버지가 선발고사 합격자들의 집합교육이 끝나고 집에 돌아와서 엽서를 직접 확인함으로써 증명되었다. 아버지가 지금껏 노력해 오신 자가 학습은 나름의 도전 의지를 펴고 싶은 노력의 과정이었다. 10년 넘게 몸담았던 초등학교 교사보다는 좀 더 발전된 자아로 업그레이드하고 싶은 열망이 있었던 것이다. 대식구를 거느린 박봉의 가장이 겪은 고충이 그토록 열심히 공부하지 않으면 안 되는 절박감이었음을 생각하니, 나의 어린 마음에도 아버지가 대단해 보였다.

그것도 충청도 출신이신 아버지가 억양이 억세어 더 멋있어 보였다던 경상도 청소년들에게 누에의 생장기를 가르치게 된 것이다. 아버지는 이때 겪은 새로운 경험을 매우 만족해하셨다. 그렇게 아버지가 대구농고에서 1년 수습 기간을 지내는 동안 막내를 포함한 부모님과 나머지 식구는 두 집으로 떨어져 불편한 살림을 하면서 지냈다. 아버지는 이듬해 신학기 인사이동에서 예천농고의 잠업 담당 교사로 발령을 받으셨다.

당시 예천은 사투리도 억세고 먼 곳이었다. 억양이 부드러운 충남 천안에서는 시골 산길을 굽이굽이 넘어야 갈 수 있는 오지로 짐작하고 있었다. 우리는 예천이 양잠업 농가가 많다는 것 말고는 경상도에 대해 아는 바가 거의 없었다. 그래서인지 이사한 후 나는 며칠 동안 아버지의 긴 한숨 소리를 반복해 들을 수 있었다. 큰 딸인 내가 다녀야 할 예천여중이 십 리가 넘는 하천 뚝방길을 하루 왕복으로 다녀야 한다는 것도 걱정거리였다. 그것이 아버지에겐 너무 큰 부담이 되어 그 집에 사는 동안 늘 나에게 미안해하셨다.

아버지는 비록 시골이라 소규모였지만 영어, 수학 학원에도 내가 배울 듯이 있다면 망설임 없이 보내 주셨다. 방학이 끝난 후 조금이라도 성적이 오르는 데는 방학 동안 아버지께서 매일 하는 학습 체크도 한몫하였다. 예천 생활은 나에게 적당한 결실을 가져다주었다. 2년이란 짧은 기간의 인연을 맺은 고장 예천을 떠나 우리는 상주로 이사를 해야 했다.

예천읍은 긴 타원형 모양을 한 지형의 형태처럼 길고 차가운 바람이 계절 구분 없이 세차게 불어왔던 고장이다. 그러나 아버지의 자상하고 꿋꿋한 정신력으로 우리를 잘 잡아주셨고, 중요한 우리들의 사춘기를 잘 보낼 수 있도록 아버지는 모범적인 가장으로 생활하셨다.

신학기가 되자 또 아버지는 상주에서 우리 가족이 3년 이상 살아가야 할 아담한 양옥 슬라브집을 마련하셨다. 집은 버스터미널 근처에 마련하였다. 큰딸인 내가 김천으로 통학하기 좋은 위치를 찾아서 급하게 구하셨다. 김천에 있는 고등학교로 보내기 위해서 미리 계획하셨다.

아버지의 장남인 오빠는 대학입시 예비고사 점수가 저점인 이유로 재수의 기회를 선택하였다. 농업학교에서는 높은 점수 내기가 힘들었다. 아버지는 남보다 빨리 대성학원으로 오빠를 상경시켰다. 아버지는 당신이 희망하는 학교에 인사 내신을 내놓고 나를 김천여고에 미리 입학할 준비를 시키셨다. 아버지는 가족들 계획까지 당신이 직접 세우시고 이행하는 스타일의 가장이셨다.

그러나 아버지는 그해는 김천으로 오지 못하시고 상주에 신설된 고등학교에 농업 담당 교사로 발령을 받아 한동안 혼란스러워하셨다. 나는 그 기분을 알 것 같았다. 항시 우리가 살아가는 공간에는 어쩔 수 없는 시행착오가 일어날 수 있다는 것을 아버지는 지금의 나만큼도 이해하지 못하셨던 것 같다. 아니, 용납하지 않으셨다. 원하는 대로 하지 못한 아버지는 나에게 '우선 기차 통학을 하다가 엄마 아빠가 있는 상주로 전학해서 같이 살자'라고 하셨고 결국 나의 고교생활은 아버지가 계획하신 대로 진행되었다.

내가 김천여고에 입학할 때, 원하시던 김천농고를 못 오시고 졸업할 무렵인 3년 후에 김천으로 오셨다. 이렇게 나의 고등학교 졸업과 동시에 아버지는 김천에 있는 농고 잠업 교사로 오시게 되었다. 아버지는 우리 4남매의 인생을 다 살아 주실 듯 우리의 미래 계획까지 주도하셨다. 우리 가족은 아버지의 단독적이고 급하신 성격에 대해 불만이 있어도 아무도 입을 떼는 사람이 없었다. 왜냐하면 아버지는 처한 상황에서 항상 최선을 다하셨다는 것을 다 알고 있었기 때문이었다. 상주에서 살 때도 우리 가족을 위해서는 변소에 오물이 비로 인해 불어나 넘칠라치면 손수 똥통을 메고 어떻게 해서라도 해결하시는 책임감이 아주 강하신 분이셨다. 그 오래된 얘기를 지난 여름휴가 때 막내가 끄집어냈다. 막내는 아버지가 이미 떠난 자리에서 엄마를 보며 다소 우스꽝스럽게 그 이야기를 꺼냈고 우리는 신파극 같다며 한바탕 웃었지만 모두 울컥하는 모습이었다.

#딸은 전학 단골

예천으로 이사 오기까지 아버지의 대구농고 수습 일 년 동안의 우리 집 사건 중에는 정 많고 성격 아쌀하고 흑백논리가 확실한 작은 고모는 '천안에서 살리라'를 고집하며 잘생긴 고모부를 만나 결혼을 해버려 예천에서는 거의 볼 수 없는 사람이 되었다.

예천 남본동의 언덕집은 경치가 좋았을 뿐 아니라 아버지의 출퇴근을 볼 수 있는, 내 기준에는 참 좋은 집이었다. 아버지는 학교까지 걸어서 다니셨는데 우리는 방과 후에 실컷 놀다가도 저 멀리 퇴근하여 나오시는 선생님 중 아버지의 모습이 보이면 만사 하던 일을 멈췄다. 이제부터라도 집 청소를 하며 토끼풀을 주는 등 아버지에게 좋은 모습을 보여 주기에 충분히 준비된 시간이 필요했기 때문이다.

우리집은 기와를 이은 빨간 벽돌집의 신축건물이었다. 우리는 이 건물을 전세로 살았는데 하늘색 타일이 깔린 목욕탕

이 있었고 그 옆에는 가마솥도 걸려 있었다. 그곳에서 우리 가족은 2년을 살았다. 그때가 우리 집안이 가장 안정된 생활의 기반 속에서 보낸, 부모님에겐 가장 화려한 전성기였다고 생각한다.

엄마는 가끔 또래 동네 부인들과 어울려 점심을 먹었고, 갖은 수다를 떨며 중년 나이 특유의 웃음으로 재미를 더했다. 동네 입구에 집이 있던 이웃 아주머니는 십자매를 비롯해 카나리아 등 반려 새를 기르고 있었는데 그 이야기는 더 자잘하고 재미가 있었다.

제 새끼 알을 깨어 먹어 안타깝다는 얘기들은, 그녀들의 남편이 퇴근하여 오는 시간까지 시리즈로 이어지기도 하였다. 그해 가을, 그 모임의 회원들이 찍은 사진은 우리 엄마를 중심으로 빛을 발한 채 아직 우리 집 앨범의 한 칸을 차지하며 재미있는 추억을 남겼다. 엄마는 지금도 그 시절을 아쉬워하신다. 1970년대 어려운 시절에 젊은 아낙들의 수다 게임은 그리 흔하지 않았기에 엄마의 젊음은 짧게 지나가고 말았다.

나의 고등학교 재학 기간 3년은 다사다난이었다. 자취방 연탄가스 유출 사건도 있었지만, 그 중요한 고교 시절의 3년 재학 기간을 한 학교에서 못 넘기고 만 것이다. 결국 김천여고 2학년이 되고서 상주여고로 전 입학한 것이 아쉽다. 나의 줏대 없는 결정에 스스로 책임을 묻고 싶었다. 한참 동안 자신에 대한 실망으로 자책의 시간을 보냈다. 그것은 절대 내가 졸업한 상주여고가 나의 기대치에 부족해서가 아니다. 친구가 없었기 때문이었다. 건옥, 윤자, 그리고 많은 애들이 상주가 생활연고지가 아니라는 것도 이유가 되었다.

상주는 말의 억양도 순하고 공기도 부드럽게 느껴지는 인심 좋은 고장임에 틀림이 없었다. 특히 좋아 보였던 것은 상주여고 23기 2학년 7반 우리 반 실장의 배려하는 마음이었다. 아침 1시간 조기 출석하여 수학 방정식 문제를 내고, 풀고, 가르치기를 곧잘 했다. 아이들을 통솔하여 돌아가면서 해답을 구하고, 틀린 것에 대해서는 직접 풀어주는 수고를 하는 것이 정말 기특했다. 실장 자격이 있는 아이였다.

내게 제일 큰 문제로 남은 것은 1978년 2월에 상주여고를 졸업 했지만, 동창생 친구가 거의 없다는 것이다. 전학하면 기존 학생들과의 관계 맺기도 쉽지 않을 뿐 아니라, 곧 이어서 고3 수험생과정이 기다리고 있었기 때문에 시기적으로 우정을 쌓기에는 무리가 있었다. 다행히 그 뒤 내가 공무원이 되어서 가는 도 단위 회의나 교육 중 알게 된 상주여고 동기들이 더 많았고, 그것만 해도 나는 든든함을 느꼈다.

나의 생활 모습을 보며 나는 내가 아버지를 너무 닮아 섬찟 놀란 적이 한두 번이 아니다. 예상대로 아버지도 친구가 가까이에 없었다. 아버지를 닮은 나는 아버지를 너무 잘 알 것 같지만, 꼭 그러하지만도 않다. 스콜라 철학자 세네카의 '우리들은 인생을 학교에서 배우는 것이 아니라 인생에서 배운다'라는 명언처럼 실제 살아가는 체험이 인생에 교훈을 남기고 스승이 된다.

7. 성격 유연한 육군부대 의무 병장

#상고머리의 전역병

사람들은 시도 때도 없이 재미 삼아 나와 남편과는 어떻게 만났는지를 물어온다. 물론 그것이 궁금한 사람은 주로 옆에 앉은 동료들이다. 그다음으로는 그 사람의 친구이거나 나의 친한 지인들이지만 분명하게 구분해서 설명하기란 쉽지 않다. 우리 부부에게 각각 풍기는 성향 차이도 있겠지만, 겉으로 나타나는 성격 차이가 그들의 눈길을 끌었을지도 모른다. 전에는 별로 느끼지 못했는데 우린 달라도 너무 다르다.

1980년대 초, 나는 아주 잘생긴 사람은 일부러 쳐다보지도 않았다. 나 자신이 그럴 나이도 안됐고 중단한 직업 전선에서의 자아 상실로 열등감에서 빠져나오기 힘든 시기를 보내고 있었기 때문이기도 했다. 다행히 시립도서관 학습실에 가서 공부하는 동안 점차 시간이 흐르니 시험 정보의 공유 차원에서 또래 예비 수험생들과 친교는 있었다.

그러나 나는 이성 친구를 전제로 잣대를 댈 때, 사회성이 좋아 많은 친구를 가진 사람도 벅찼고, 리더십이 뛰어나 앞장서는 사람도 자신 없었다. 또 공부를 아주 잘하여 좋은 학벌을 갖춘 이도 별로였다. 그러나 지금 와서 생각하니 나는 분위기

있는 사람을 좋아했던 것 같다. 이분은 도서관에 나오는 동안 도통 말이 없었고 뭔가 생각하는 로댕 같은 사람이었다.

콩깍지 씌는 것은 상대를 이상형으로 투영시키는 데서 일어난다. 그후 콩깍지가 걷혀도 그 사람을 사랑하고 더불어 사는 방법을 배우는 기회로 그 인연을 합리화 한다. 전역병 이병장을 내가 처음 본 것은 지금은 김천시립미술관으로 이름이 바뀐 남산공원 하얀 건물에서였다. 이 대목에서 내 이야기를 듣는 대부분 사람은 믿으려 하지 않는다. 소설 쓰지 말라며 그만하란다.

평소 공부하는 학습실에서 제각기 공부하는 분위기는 예나 지금이나 별반 다른 것은 없었다. 나는 오랜만에 접해보는 공부이고 잃어버린 5년의 뒤처짐을 의식하여 공무원 시험 예상 문제를 반복해서 보았다. 힘들었던 지난날들을 되새기며 의자를 고쳐 앉고는 각오를 다졌다. '합격이 아니면 시작을 말자.' 하고.

모두 열심히 공부했다. 도서관은 정규 휴일인 매주 월요일이 되면 물청소를 하는지 깨끗한 환경에서 공부할 수 있어 좋았다. 도서관 사무실은 지금의 박스 경비실 같은 규모로 작았다. 도서관 사무실에 근무하는 예쁜 미스 홍은 나와 나이가 같았다. 즐겁게 근무하며 입장권을 끊어 주었고 우리 고시생들에게 정답게 대했다. 나는 도서관의 휴일이 다가오면 마음이 불안하고 기분이 좋지 않았다. 공부할 시간이 줄어들기 때문이다. 진즉에 마음가짐이 그렇게 단호했더라면 좋았을 것을, 학창 시절에는 멍한 채 이해력도 별로더니….

새싹이 움트는 4월이 되어도 누구도 눈에 들어오지 않았다. 어느 날 책상 위에 있던 내 몽당연필이 떼구르 굴러 우측 책상 밑으로 떨어졌다. 나는 그것을 책상 밑에서 주우려다 세상에 깜짝 놀랐다. 고무신을 신고 온 맨발의 청년이 있었다. 발의 등짝이 젖소 홀스타인의 등 같이 얼룩점이 있었다. 그 사람이 신은 하얀 고무신과 합성되어 인상적이었다. 나중에 가족이 되어 물어보니 어릴 때 뜨거운 물에 덴 자국이라고 하였다. 인연이 있긴 있는가 보다. 그 얼룩무늬 발등은 많이 옅어졌지만, 오늘날까지 우리와 같이 지내고 있다.

#독서실에도 이 분이 있었다

5월이 지나자 각각 시험 직렬에 따라 합격 소식이 들려오기도 하였다. 가끔 차를 같이 마시는 순녀 언니는 부산시로 지원하여 그해 여름에 김천을 떠났다. 아주 부산 사람이 되어 영 돌아오지 않았다. 1차 합격 후 한 번 도서관에 오고 다시는 만날 수 없었다. 언젠가 언니가 사하구청에 근무할 때 전화 통화를 한 적이 있는데 이미 경찰 가족이 되어 있었다. 또 한 사람은 법원직에 합격했다는 소식이 들려오니 마음이 뒤숭숭해졌다.

나는 어떻게 하든지 합격해야 한다는 각오로 칸막이가 철저하게 드리워진 독서실로 학습 장소를 옮겼다. 아니 어찌된 일인가. 하얀 고무신에 얼룩소, 그분도 나와 같은 생각인지 유료 독서실로 자리를 옮겨 그 이후 자주 볼 수 없었다. 단지 느낌에 멀리 이분의 모습이 보이다가 안 보이다가 하더니 1차 합격 후 10월 어느 날 도청 면접장에 이분이 있었다. 서로 가까운 거리에서 면접을 대기하던 터라 눈이 마주쳤다. 그리곤 면접시험을 마치면 도경 입구에서 기다리겠다고 찾아와 말했다.

면접을 무사히 마치고 집으로 돌아오는 길에 자연스럽게 점심을 같이하자고 했다. 우리는 대구역 지하 분식집에서 김밥과 오뎅으로 요기를 채웠다. 그때만 해도 첫 식사 대접은 남자 측에서 하는 것이 상례화되어 있어서, 그가 사주는 대로 먹었는데 경제 사정이 그리 넉넉한 편이 아니라는 것을 전혀 생각지 못했다.

그가 입대 전에 입었다던 유일한 밤색 체크무늬 양복은 카라가 넓은 것이 얼굴만큼이나 수수해 보이고 부담 없어 좋았다. 그동안 공부하느라 애쓰고 군대살이 빠져 제법 긴 얼굴은 눈까지 커져 한쪽은 쌍꺼풀까지 생긴 것 같았다. 눈의 크기가 달랐다.

돌아오는 기차 안에서 이분도 내게 '미란'의 '미' 자가 '아름다울 미'자 인가를 물어왔다. 나는 그렇다고 하였으나 내가 아름답다는 조건이 안 되는 것 같아 조금 멋쩍었다. 참 흔한 질문인데 잊혀지지 않는다. 관심 있었다는 건가? 그리고 이분과의 소식은 없었다. 그 뒤 이분을 만난 것은 임용 후보 교육을 받기까지 일 년이 지나서였다. 그동안 서울 생활을 체험하며 아르바이트 같은 것을 했다고 했고 따라서 얼굴은 핼쑥해 보였다.

그해 11월 경북 신규임용 후보자반 8주 합숙 교육에 앞서 군청에서 임시 소집을 하였다. 그때도 이분은 보이지 않았다. 나는 그때도 정의로움에 불타 인사담당자에게 이분의 경위를 물었다. 담당자의 수신주소 기재 실수로 등기우편이 재통보분까지 두통이 되돌아와 있었다. 이분은 다행히 누군가 임용 후보자 교육을 중도 포기한 사람이 있어 무사히 교육을 마칠 수 있었다.

이분이 예비군 훈련장에서 내 오빠를 본 것도 조금은 영향을 미쳤다. 오빠의 친구가 이분의 친구가 있었다. 셋이 이야기하던 도중에 키가 훤칠하고 멋있는 미남형이 내 얘기를 하더라는 것이다. 오빠는 나에게 둘이 뭐 특별한 관계인가 물었다. 아버지 앞에서 아니라고 선서했다. 나는 생각에 잠겼다. 그런 사람을 잘 생겼다고 하는 건가? 나는 센치멘탈한 그의 분위가 조금 괜찮을 뿐인데.

뒤늦게 단체 교육과 공부를 한다는 것이 그렇게 신나지는 않았지만 내 인생은 내 힘으로 살아가야 한다는 생각에 그 당시 현실에 집중했다. 2주간의 기차 통근과 6주간의 합숙 훈련을 이분과 같이 보내고 긴 임용 대기 기간을 보내며 좋은 인연으로 발전하고 있었다. 그 당시 우리 젊은 날의 연애 시절은 이렇게 뜨뜨미지근하고 은근하게 지나간 것 같다.

#꽤 괜찮은 이분의 친구

묵묵하고 듬직한 성격, 그리고 센티멘탈한 분위기를 갖고 분위기를 잘 이끌어 가는 이분은 내게 익숙하지 않은 분위기를 항상 남겨 놓았다. 사실은 이분의 전체적인 분위기가 맬랑꼬리에 해당함을 내가 알려주었을 때, 이분은 카뮈의 소설 《이방인》 얘기를 자주 해주었고 내 앞에서 팝송도 잘 불렀다. 저녁에 데이트할 때면 윗옷으로 검정색 양복 자켓을 자형한테 빌려 입고 나왔는데, 얼마 있다가 자켓은 다시 서울로 보내진 것을 알았다.

여름이 한고비 넘어서던 어느 날 저녁때, 김천을 경유하는 상주에 사는 이분의 친구와 그의 연인 그리고 우리 두 사람 등 넷이 한자리에서 조촐한 저녁 식사를 했다. 나는 이분의 친구를 보자 이런 사람을 두고 미남이라고 하는가 보다 하고 생각했다. 그 미남은 헌병대 소속으로 베이지색 여름 제복이 아주 잘 어울렸다. 미남 옆에 미녀는 나랑 이야기 끝에 상주여고 동창생임을 알게 되었다.

　얼마 남지 않은 병역을 마치면 대구시청에 복직할 계획이라는 반듯한 친구를 보자 이분 마저 믿음직스러웠다. 우리 가정에 귀한 인연을 맺어준 데에는 헌병대 부부의 절대적 영향이 작용했다고 본다. 우리가 결혼까지 이어질 수 있었던 것은 모범생인 나의 여고 동창생이 이분 친구의 연인이었던 점을 빼놓을 수 없을 것이다. 그리고 이분의 잘 생기고 건실한 헌병대 친구의 바른 모습에 내가 이미 신뢰감을 가지고 매료되어 있었기 때문일 것이다.

　따라서 친구를 보면 그 사람을 안다는 말이 있듯이 으레 나는 그 세 사람을 믿었고, 그 다음해 1월 4일 그들의 결혼식 날에 우리는 '함 받은 날'로 정하여 우리의 결혼도 추진해 갔다. 기억하고 있다. 그러나 그 이후 우리는 자주 만날 수가 없었다. 두 집 모두 맞벌이로 두 애들을 키우며 힘겹게 살아왔음을 말해준다. 그렇게 우리 결혼을 서포트한 그분들을 기억의 재발견으로 알아내게 되었다. 정말 열심히들 살았다. 그 잘생긴 헌병대 친구도 40여 년의 직장생활을 마치고 지금은 은퇴하여 자영업으로 인생 2막을 개업했다는 소식을 들었다.

　머리끝에서 발끝까지 이분을 사랑하며 살아온 나는 바보인가 천재인가를 따져 볼 시간도 없었다. 나는 믿고 살았다. 앞으로도 나는 이분을 믿고 살아야 할 것이다. 이분은 나에게 다양한 방법으로 사랑을 고백해 오기 때문에 나는 행복한 사람일 수밖에 없다. 이분은 지금까지 43년을 나랑 같이 살고 있는 남자다.

8. 흰 봉투의 추억과 사랑

#거실 커튼

　1988년 올림픽이 있던 해 둘째 아이를 가졌다. 무슨 의미를 부여했는지 첫아이를 아시안게임, 둘째를 올림픽이라는 국제적인 행사를 기점으로 낳았고 스스로 자부심과 만족감에서 큰 어려움 없이 결혼 5년 만에 두 아이의 엄마가 되었다. 우리가 사는 기역자로 된 기와집은 블록으로 지은 홑집이라서 여름에는 덥고 겨울날 자고 나서 안채에 씻으러 가려면 몹시 추웠던 것 같다. 전날 밤에 뜨락에 벗어놓은 고무신이 꽁꽁 얼어 있었으니까.

　그러나 그때는 식구가 많아서인지 방마다 훈기가 있었다. 시누이 아가씨는 집에서 출퇴근하는 관내 직장인이었고 나는 스스로 힘들다는 생각을 할 여유도 없었다. 매일 같이 아침 일찍 일어나 씻고 바쁘게 서둘러 달리기로 동네 버스 승강장까지 뛰어가곤 하였다. 그래야 나의 직장을 향해 달리는 그 버스를 탈 수 있었다. 이를 본 동네 사람이나 시어머니는 나의 구두 굽 소리만 들어도 에미가 어디쯤 오는가를 알 수 있다고 할 정도로 나는 바쁘게 다녔다. 경력도 짧은데 일도 어둡고 밤에는 육아까지 하려니 어련하겠는가?

동네에 승강장을 끼고 있는 약국은 남편의 중·고등학교 친구인 손 약사가 운영하고 있었다. 우리보다 석 달 늦게 결혼한 약국 부부는 우리가 지나갈 때면 기다렸다는 듯이 재미있는 위트를 동원해 웃다가 항상 코미디같이 하루를 마무리하였다.

이들의 내부 향기는 우리 집의 향기와는 달랐다. 같은 향기를 품기에는 당연 타당치 않았지만, 수입은 물론이고 적금 저축의 적립 단위도 얼핏 봐도 열 배였다. 최초에 친구가 약국 내부를 도배 장식할 때 남편은 아르바이트하며 익힌 도배 솜씨를 한껏 발휘해 축의금을 대신했다고 했다. 우습지만 왠지 슬프다.

다행히 우리 부부와 약국 부부, 그리고 두 쌍의 신혼인 경애와 성미네 부부 이렇게 해서 여덟 명이 지금까지도 계모임을 하고 있다. 10년 전 중간 정산으로 부인들에게는 스몰 모피코트를 한 개씩 안겨주었으니 모임의 협조란 절로 잘 되었다.

나는 버스정류장에 와서 환승을 하여야 출근할 수 있는 시스템에 익숙해져 있었지만, 환승으로 인한 불편도 불편이지만 본의 아니게 여러 사람에게 피해를 줬다. 환승 버스를 미처 따라잡지 못했다면 다음 버스는 20분 후에 또 그다음에는 그로부터 40분 후에 각 마을로 굽이쳐 들어간다.

여러 차례 곤란을 겪은 나는 결혼 후 몇 년 만에 장만한 다수동에 있는 남편 명의로 된 99평 대지의 땅을 팔아 버스 공용주차장 인근에 있는 아파트로 와야겠다고 마음먹었다. 분양받은 우리 집 맨션은 빨간 벽돌로 지은 건물로 가격이 좀 나가는 편이라서 전세를 놓으려다 남편의 통근과 나의 조기출근을 위해 우리가 들어가 살기로 했다.

아파트 입주 날이 되어 이사하고 나니 필요한 것들이 정말 많았다. 뒷 베란다에도 선반이 있어야 큰 그릇 등을 올려놓을 수 있겠고, 앵글을 하나 사이즈에 맞게 짜 넣어야 뒷 베란다 정리가 될 것 같았다. 해결할 문제들은 모두 돈이 안 되어 지연된 것들이었다.

그중에 제일 답답하고 안타까운 것은 1층은 앞 베란다가 밖에서 훤히 보인다는 데 있었다. 층 간 소음을 잊으려면 1층이 좋았다. 중간 통로 109호는 지나가는 사람, 들어오는 사람의 모습이 다 보였다. 그러나 밤만 되면 우리는 조심스러움에 위축되어 있었다. 바깥 놀이터에서 그네를 타면 우리는 그 애들의 발아래 있는 듯하여 아찔한 모션으로 멈추어 있었다.

베란다 창문에 뭘 붙여도 보고, 큰 창문에 시리즈 그림을 정성스럽게 순서에 맞추어 발라 보았지만 영 기대했던 모양새가 아니었다. 그러니까 결단의 의무가 얼마나 중요한지도 몸소 느끼고도 남는 실수의 시간이었다. 아랫장터 코오롱 커튼 집에는 휴일에는 틈나는 대로 엄마를 도와 커튼 박음질하고 평일 저녁에는 아빠를 도와 주문받은 커튼 사이즈를 재러

다니는 한 중등학교 여교사가 있었다.

과목은 수학이라고 하였다. 너무 대견하여 나는 그 커튼집을 물어 찾아갔다. 그리고 화사한 색을 골라 받은 돈에 맞추어 주문했다. 보름이 지나서야 두 부녀는 커튼을 달려고 퇴근 시간에 맞추어 달고 갔는데 커튼도 여간 맘에 드는 것이 아니었다. 지금까지도 우리 집 창문에는 그때의 커튼이 미련 없이 달려있다.

새 아파트 구입으로 자금이 부족한 것을 눈치챈 사람이 있었다. 물론 내가 그 사실을 심심치 않게 흘리기는 했지만 그렇게 기대한 것은 아니었는데 새 돈으로 지폐 50만 원을 내 앞에 내놓는 것이 아닌가. 그것도 흰 봉투에 담아서…. 나는 깜짝 놀랐다. 그때는 너무도 존경스러운 남편이었다. 돈을 주어서가 아니라 꼭 필요할 때 구급 자금을 이렇게 목마름에 휘둘릴 때 단비 같은 회생 자금을 요긴하게 쓸수 있게 해주는 것만큼 고마울 때가 어디 있겠는가.

남편의 경제관념이 철저하고 바람직해서 나는 그의 저축 정신을 필요 이상으로 기대했던 것이 화근이었다. 나는 2018년에 정년퇴직하고 온 사람의 노고에 대해 감사는 제쳐두고 그가 지니고 있을 비자금에만 관심을 갖고 있었던 것 같다. 35년의 성상을 쌓아 우리 가정을 지켜온 남편에게 연금 말고 플러스 알파를 기대한 것이다. 평소 소비성향이 알뜰했고 가정경제에 매우 협조적인 사람인 터라 정년퇴직을 하면서도 자기만의 비자금이 없을 수도 있다는 것을 생각지도 못했다. 이 기회를 빌려 당신의 우직한 성격을 몰라본 것에 대해 진심으로 사과한다.

십 년 만에 거실 커튼값 오십 만원을 모았었으니까 또 그 후로 다시 20년이 지났으니 당연히 배 이상의 결과물은 내놓지 않을까 하는 기대감에 들떠 은근히 속으로 흰 봉투를 기다려 왔단 얘기다. 퇴직 직전에 남편 친구의 비자금 모은 성공 사례도 가끔 얘기했기 때문에, 그게 본인에게 있음직한 비자금을 고의적으로 나에게 알린다는 것으로 생각한 나는 그게 큰 착각이었음을 뒤늦게 알았다.

#단 한 번의 가계 지원금

다른 남편들은 퇴직 후에 가정의 자산 상황을 정산할 때 용도별 지출을 최근 1년 정도를 대조 대비를 하고 연금을 포함한 가정경제 관리자를 변경하든지, 순조로운 논의를 거쳐 퇴직 후의 인생 2막을 선포하는 것으로 알고 있다.

그러나 남편이 거실 커텐 값을 처음이자 마지막 가계 지원금으로 내놓았을 때, 그것이 등대의 불빛처럼 아련한 희망 고문의 끝임을 알리는 것임을 알았어야 했는데, 그 이후에도 나는 남편의 지원에 대한 기대와 실망 사이에서 마음의 갈등을 반복하였다. 2018년 남편이 은퇴하기 전에는 남편은 나의 혹독한 바가지까지도 참아내는 것이 나를 사랑하고 배려하는 줄만 알았다. 나는 확실히 착각 속의 여인이었다. 언젠가는 나에게 던져줄 그가 몰래 모은 비자금으로 나를 감동시키는 장면에서 내가 지을 표정을 연습해 가며 우리 가정의 영원한 행복을 위해 열심히 가꾸며 살았다.

2014년 내가 명퇴하고 아무도 없는 집에서 하루 종일 집에서 남편만을 기다리고 있을 때도 나는 남편의 월급과 지출 계산에 연연하지 않았다. 그에게 기회를 주고자 넉넉하고 듬성듬성하게 우리는 서로에게 신뢰를 부여하고 다시 사이좋은 시절로 뒤돌아 복귀했다. 또 병이 들어 아픈 아내와 같이 살아가면서도 변함없는 심성으로 나를 대하며 그는 나에게 표창장을 만들어 주었다.

#비틀어 짜도 안 나오는 비상금

표창장의 이름은 '현모양처 대상'으로 했다. 아들네 3인, 딸은 그때 미혼으로 1인, 그리고 남편 본인 이렇게 다섯 명의 연서를 마친 근사한 것이었다. 민망했지만, 사양하지는 않았다. 그리고 조금 허전한 마음이 드는 것은 부상이 없었던 것이다.

남편의 은퇴 후의 생활은 인근지역에 있는 우리 농장에서 주로 했다. 여행을 가자며 제안하는 남편에게 나는 그동안

한 번쯤 가고 싶었던 성당 프로그램인 '애미(ME : Marriage Encounter)'에 2박3일 계획표를 내밀었다. 요즈음 자주 싸우는 부부들이 가기를 선호한다며 주변에서 자기는 갔다 왔다며 적극 권하던 차였다.

숙소에 도착해 합숙 이튿날이 되자 수건을 찾던 나에게 남편의 가방에 들어있는 도톰한 흰 봉투가 눈에 띄었다. 그래서 나는 반갑기도 하고 기분이 좋아져서 다음과 같이 시(詩)를 지었다. 반드시 내게 다시 돌아올 것이라고 기대하면서….

흰 봉투는 지나간 추억
지나간 추억이고 마는가요.
역시 착각이었나요.
나 줄 것이 아닌데 나 주는 것인 줄 알았나요.
이미 사라진 지 오랜 우리의 흰 봉투.
화살이 내게가 아니었음은 아무 의미 없어요.
더 두툼했어도 싫어요. 내게 줄 마음이 아니었다면.
나 줄려고 한 거라도 싫어요. 마음이 변했다면은
나는 흰 봉투에 목마르진 않아요. 아무리 흰 봉투가 두꺼웠어도.
초심이 아니면 싫고요. 다시금 나를 향하여도. 변했던 마음 싫어요.
오로지 그이가 줬던 흰 봉투는 지나간 추억이라 여길래요.

나쁘진 않았습니다.

지나치고 말았는데 나쁘진 않았습니다.

꽤나 두툼했던 흰 봉투. 내 것도 아닌데 왜 감격스럽죠?

나 줄려고 한 것이 고마워 가슴에 손을 얹어 버렸습니다.

그런데 왜 걔는 나왔던 곳으로 뒤돌아 갔을까.

내가 놀라 소리 질러 부끄러워서?

너무 오랜만이라 어색해서? 아니면 아까워서?

아마 모두 다 일 겁니다.

흰 봉투 주인의 아내는 말합니다. 고맙다고요.

당신의 향기를 느꼈다고요.

아주 순간 찰나였지만…. 받은 것만큼 설레고 상기 되었다고요.

그리고 또 두 배로 두껍게 해서.

당신의 양복 주머니에 넣어주고 싶었다고.

부자 될 행운은 놓쳤지만 나쁘진 않았습니다.

그 이후에도 그렇게 생긴 흰 봉투는 끝내 내게 돌아오지 않았습니다.

위의 시는 저자가 절망적인 기분에 싸여 있을 때 긍정적인 요소를 가미해 당신과의 추억을 갈망한 것으라 할 수 있다. 처음 시작(詩作)을 하고 둘이 같이 한참을 웃었던 적이 있습니다.

9. 이 길을 걸어야 하나

#다정하셨던 우리 아버지

아버지는 평소 가족들에게 자상하시고 자식들에게 관심이 많으셨다. 책을 가까이하셨으며 다방면에 해박하셨다. 딱 한 가지 아쉬운 점이라면은 책을 손에서 놓으실 때면 으레 술을 드시고 계셨다. 상주로 이사한 후로 자주는 아니었지만, 아버지께서 술을 드신 날은 우리 가족은 비상사태를 맞는 불안한 마음으로 소리를 죽여서 행동해야 했다.

특히 주말이면 이틀 동안 불안이 서려 있었다. 그런 날이면 그 시절의 분위기로 봐서 우리는 제3공화국 같은 공기 속에서 서울에서 재수하는 오빠와 김천에서 소위 유학 중인 나는, 철모르는 동생들 빼고는 각자 알아서 우울을 애써 견디고 있었다.

성적이 떨어지면 떨어진 석차 수만큼 손바닥을 맞았으며 그 수가 10단위 이상일 때면 때리는 강도가 더 강해졌다. 그러한 가정환경이 인자하신 부모 슬하에 성장하는 자녀들보다 성격 형성에 얼마나 부정적인 영향을 미치는가와 다음 세대에 그대로 반영된다는 것을 다 알고 있었겠지만, 내가 어떻게 해 보기에는 이미 너무 많은 시간이 흐른 뒤였다.

또한 아버지는 나의 신변과 친구 관계를 대부분 파악하고 계셨다. 내 생일이 되면 내 친구 초대를 1박2일 합숙으로 허락하시며 초대된 내 친구들 틈에서 농담과 위트로 은근히 우리와 같이 즐거워하셨다. 그럴 때는 내가 모르던 친구들의 인성과 어른에 대한 대응능력이 그대로 표출됨에 따라 민망한 적도 있었다.

그때부터 김천이 집인 우리 사계절 친구들은 내가 상주여고로 전학을 가거나 졸업한 후에도 나의 생일이면 우리 집에 놀러 와서 나조차도 힘들었던 우리 집 가계 문화에 적응을 재빨리 잘 해냈다. 그 친구 중에 까마득히 생각지 못한 한 멤버가 아버지의 며느리가 될 줄은 아무도 몰랐다. 결국 결혼생활 40년을 훨씬 지나면서도 오빠와 올케언니의 중매역할을 한 나는 고마운 존재가 될 만도 한데, 아직 거기에 걸맞은 보답이 없다. 오히려 양측 모두에게 내가 미안한 마음이 드는 것은 무슨 까닭인가. 상대적으로 나는 두 사람에게는 밉상 대상이다. 이유를 잘 모르겠지만.

자상스러운 아버지가 일찍이 그 강(황천강)을 건너가심으로써 당신의 아들이 더러 방황했던 생활로 엄마와 올케언니가 마음 편하게 행복만을 추구하며 살아가기에는 조금 아쉬움이 있었다. 아직 그 강을 건너지 않으시고 우리 곁에 계신다면 아이들을 훌륭히 키워 낸 며느리에 대한 사랑으로 더 기뻐

하며 응원을 아끼지 않으셨을 텐데.

자식들의 학업을 제일로 중요시한 아버지 시대에 직계손주 2명을 모두 소위 SKY 대학에 보낸 큰 며느리는 큰 자랑거리가 되고 또 작은아들의 아들과 딸을 의과대학과 교육대학에 각각 입학시킨 작은며느리를 얼마나 더 대견해하며 편애하셨을까. 아무튼 아무리 아버지의 흉을 보고 싶은 나일지라도 나와 성향이 닮은 점이 많은 아버지는 나와 마음이 통하는 점이 많았고, 우리 4남매가 다 성장할 때까지 최선을 다해주셨다.

#아버지의 실용주의

나의 중학교 시절, 주말이면 우리 4남매를 데리고 미리 봐두었던 도랑을 찾아가 미꾸라지며 붕어 등을 잡으러 가곤 했다. '비린내가 나서 요리를 잘할 수 없다'는 엄마를 대신해서 나는 물고기 부레 풍선을 먼저 터뜨린 다음 손질하고 냄비에 양념을 한 채 마구 주물러 푹 끓여 냈다. 국물을 떠서 음미하는 모양새도 어쩜 그렇게도 닮은꼴의 아버지와 딸의 모습일까.

고등학교 2학년 때 교내 문예 행사가 열려 아버지께 작품 한 점(자작시)을 써달라고 부탁드린 적이 있다. 당신의 인생 가치관이 잔뜩 녹아 있는 이 시를 내게 건네주신 아버지가 그립다. 아버지의 시 한 편은 나에게 익숙하게 내 생활 속에 녹아 있고 내 인생의 좌우명으로 나를 지탱해 주었다고 생각한다. 가끔 책꽂이에서 꺼내 보며, 보고 싶은 아버지를 생각하곤 했다. 아버지 시의 내용은 이러하다.

이 길을 걸어야 하나

기다림은 아름답고 참된 삶의 길이요
맹목적인 기다림은 허황과 인생의 낙오자 될 뿐이니
쫓기는 생활로 후회의 빈터를 만들지 말아다오.

어제의 욕망 넘친 학습은 시간이 흐름을 등지고 나니
몸이야 피로했건만 마음만은 든든한 양식이 마련되어
이튿날 밝은 세상 보기가 부끄럽지 않더라.

하고픈 것, 먹고픈 것, 많고 또 많다 해도 그것이 또한
나름대로 펼쳐지는 금자탑을 쌓는 이 시간이니
불안한 마음으로 노느니 보다 한가지 길로만
마냥 걷고 싶어라.

1976년 10월, 아버지가 딸에게

이 길을 걸어야 하나

기다림은 아름답고 찬란 삶의 길이요
행복적인 기다림은 희망과 인생의 복으로 원뿐이니
쌓이는 생활로 후회의 빈터를 만들지 말아다오

어제의 욕망 덤친작업은 시간의 흐름을 등지고 나니
몸이야 피로했건만 바쁜만큼 튼튼한 양식이 마련되어
이 들날 밝은세상 보기가 부끄럽지 않더라

하고 믿것 먹고 믿것 맘대로 많다해도 그것이 또한
나름대로 평쳐지는 금자탑을 쌓는 이 시간이니
불안한 마음으로 노느니보다 한가지길로만 바삐 걷고 싶어라

父

고2 가을 문예전 때 딸을 응원한 아버지의 시.

이렇듯 이 시에는 아버지의 인생이 모두 들어있는 듯하다. 아버지의 시는 나의 인생에 이미 친숙히 들어와 있고 높은 공감대와 함께 50년 동안 나의 소장품으로 보관되고 있다. 공무원 임용 후 발령을 기다리는 동안 내가 결혼하고 싶은 남자가 있다는 얘기를 들으신 순간 아버지는 침착하고 단호한 모습으로 당장 데리고 올 것을 명하셨다. 당일은 아버지의 감정이 교차하여 큰딸의 선택을 믿으며 별말씀을 안 하신 듯했으나 시간이 갈수록 이유 모르게 섭섭해하셨다. 당시는 물론 지금도 거리가 먼 다른 지역 농고 잠실 기숙사에서 유하시며 두 달이 넘도록 집에 안 오셨다.

#당신이 그립다

결국 '자식 이기는 부모 없다'고 집으로 오셔서 엄마와 같이 말없이 결혼 준비를 다 해주시며 큰사위 될 사람에게 무언가 당부를 하시는 것 같았다. 당신의 딸이 애살맞아 매사에 최선을 다한다고 적당히 칭찬하시는 소리로 나는 들렸다. 내가 아주 작은 성과라도 낼라치면 내 편은 남편도 아니고 아들딸도 아닌 나의 아버지였음을 이제야 알 것 같다. 나는 아버지를 평소 존경했다.

1978년도에 부곡동사무소 주민등록 담당자셨던 김영화 선배가 나의 아버지를 유일하게 기억하신다. 나랑 '똑 닮았다'고 확고하게 증명도 했다. 그래서 나는 2019년도에 부면장님으로 퇴직하신 당시 김영화 선배님을 지금도 존경한다. 우리 아버지를 알아봐 주신 것만으로도 나는 너무 반갑고 고맙게 생각합니다.

그때도 세월은 빨리 흘러갔다. 그사이 나는 첫아이를 가져 만삭의 몸으로 직장생활을 하는 연유로 아버지를 자주 찾아

뵙지 못했다. 같은 지역에 살았지만 내가 간다는 날에는 부엌에서 엄마가 담고 있는 물김치의 간을 보거나 대문 앞에 나와서 먼저 오는 사람을 기다리고 계셨다.

내가 첫아이 출산을 한 달 앞두고 그해 겨울방학 때 아버지는 방학 중 교사 연수회에 참가하기 위해 연수회장으로 가셨다. 교육 전날 밤 학교 부근 자취방에서 혼자 주무시다가 뜻하지 않게 이 세상 모든 이와 작별하셨다. 방학 한 달 내내 쓰지 않던 굴뚝에 낙엽 등이 들어가 연통을 막아 연탄가스 배출이 거꾸로 되었다는 비보는, 아버지가 이 세상을 떠나신 지 한 달이 지나서야 우리에게 전해졌다. 경찰의 현장 감식 결과가 집에 도착 되어 안 비보였다.

당시 젊은 나이에 갑자기 혼자 되신 엄마와 우리 4남매의 황망한 심정은 말로 표현할 수 없을 만큼의 억울함이었고 아픔이었다. 전날 저녁 요기로 드신 200ml 우유 팩 빈 통과 보름달 모양의 소보로빵 몇 개가 돌아가신 아버지의 머리맡에 가지런히 놓여 있었다. 그 모습을 본 나는 가슴이 더 무너져 내렸다. 미어지는 마음으로 아버지를 울며불며 외쳐 불러 봤지만, 아버지는 뒤를 돌아보실 수 없었나 보다. 아버지는 너무 갑자기 우리 곁을 떠나셨다. 아버지는 그 짧은 세월을 정말 열심히 사셨다. 아버지께서는 저 강 건너 조용한 천국의 나라에서 편안히 잠드시기를 염원한다.

제2부

파킨슨 씨 같이 갑시다

1. '중견간부양성반' 교육생 선발에 당첨

#승진

'나도 계장님이 될 수 있구나. 나도 이렇게 승진을 하는구나' 하고 승진 대상자가 승진자로 확정되어 발표되던 그날은, 인생의 최고 좋은 날로 정해 하루를 보냈다. 기분이 묘한 것이 직급 승진 시, 가장 기쁨을 느낄 때가 통계적으로 언제였는가의 질문에 많은 퇴직자가 6급 승진 때를 제일로 꼽더라는 얘기를 교육 중 행정학 교수님에게 들었다.

그러면서 '지방행정의 꽃은 6급'이라는 말과 함께 그 교수님은 부친도 지방공무원이셨다는 얘기도 잊지 않고 하셨다. 그날 강의 첫날 수업은 '지방행정의 꽃은 6급'이라고 오른팔로 외치며 수업의 마침을 알렸다.

내가 승진된다면, 즉 6급이 되어 제일 하고 싶은 것을 꼽는다면, 2년 전 내가 행정실무자반 피교육생 시절, 공무원교육원에서 보았던 김 계장님이 속해 있는 '중견 간부양성반'의 피교육생이 되어 봤으면 하는, 감히 이루어질 수 없는 욕심을 잠깐 내 본 적이 있었다. 그 교육은 2004년도에 경상북도 교육원에 처음 개설되었고 6급 공무원에게만 주어지는 교육이었는데, 그것은 의미 있는 경력으로도 유효하고, 또 교육 내용으로도 참신하단 이야길 들은 적이 있다.

 이 교육에는 우리 시의 김 기획계장님이 가셔서 열공한 것으로 알고 있다. 우리 시는 시청의 직원결원 사유로 교육 대상자 선정을 포기했었는데, 2004년 제1기 때에 이르러 일도 잘하며 창의성 개발의 잠재력을 인정받은 기획계장님을 교육 대상자로 선정한 것이었다. 그 교육에 대해 내가 알고 있는 바로는 글로벌 시대에 맞추어 세계적인 행정업무 시야를 기르기 위해 위해 백두산 천지 등반을 포함 국내외연수 계획이 포함되어 있었다. 교양 과목으로는 영어 회화와 체력 단련을 위한 골프 교습이 있다니, 누구나 지원하고 싶은 생각은 한 번쯤 해 볼만했다.

 지방자치단체의 직제는 정책과 상부 조직의 짜임에 따라 변경될 수 있으며, 정부로부터 조직의 규모가 변경됨에 따라 시·군에서도 특혜와 같은 장기교육생 차출 여부가 결정된다. 정원 결원 시에는 어쩔 수 없지만 부득이한 경우를 제외하고 각 시·군에서는 1~2명 이상 선발하여 리더의 양성을 도모한다.

 1년 전에 조직이 개편되어 신설된 동사무소 담당 자리가 또 폐지되어 조정한 결과, 동사무소 직위가 환원되는 경우가 바로 나한테도 해당되었다. 대상 인원이 전체 5명 중 내가 포함되어 있었는가 보다. 지난 정기 인사 때 나의 승진 순위가 대충 감이 잡혔다. 인원 감축이란 어려운 작업을 하던 중 교육 대상자를 무보직 중에서 한 사람 선정하는 것이 어떻겠냐는 근거 없는 소문이 돌았다. 부여했던 동사무소 담당(계장) 자리를 다시 폐지하는 작업을 하고 있다는 얘기가 아닌가. 기준에 맞게 교육을 신청하면 내가 해당될까 하며 1997년도에 면사무소에서 본청 전입할 때의 심정으로 내심 과감한 신청 결정을 내렸다.

#장기 교육대상자로 확정

소문과 같은 직제폐지 설이 믿거나 말거나 하는 이야기로 공중에 떠돌았다. 쓸 말 말고는 말이 없으신, 그해 나와 같은 날에 사무관으로 승진하여 오신 동장님께 용기를 내 교육 신청 의사를 밝혔다. 동장님은 "이럴 때는 무보직이 아무래도 유리할 것 같다"면서 "알아보겠다"고 하셨다. 이 교육과정은 '지방공무원 중견간부양성반 제5기'로 지난 4년 동안 비슷한 프로그램에 의해 경상북도 지방공무원 교육원에서 2주간 합숙하고 나머지 기간은 집에서 다니던지 거리가 멀면 교육원 근처에서 하숙하는 사람도 있었다.

정부의 조직이 자주 변경됨에 따라 인력에 대해서 감원해야 할 이유가 생겼지만, 당시 시장님의 김천시청 직원 조직개편에 대한 계획된 인원 관리 정책을 펴 나갔다. 그래서 시청 근무를 중간에 그만둔 직원은 없었으니 다행한 일이었다. 그렇게 직원들의 업무 분담의 이해 및 협조로 중견간부 교육과정이 개설된 지 4년 동안 기획계장, 신임 계장 한 사람, 이렇게 두 명만이 교육을 이수한 만큼 교육의 기회가 제한되어 있어서, 이 교육에 대한 기대는 상당히 높았었다.

본청 산하 직원 중 교육 신청자가 높은 경쟁률을 보였다는 얘기가 있었는데 그것은 확실하지 않았다. 신청자 중 내가 잘 아는 2명 이상의 여성 계장은 교육을 가지 않았지만, 짧은 기간 내 사무관으로 승진하는 영예를 거머쥔 것을 보면 그것도 아니었다. 아무튼 장기 교육을 가도 일체 지장이 없을 것 같은 내가 선발되었다. 이건 순전히 내 생각이다.

그 당시 김천시에서는 1년 중 마지막 날에는 예술회관 공연장에서 주요 가수들을 초청하여 공연으로 송구영신(送舊迎新) 시간을 기다리며 타종과 함께 새해를 맞이했다. 그 해는 유난히 공연이 길어지고 있었다. 오늘이 마지막 날, 나는 조바심이 났다. 내년 2월 중순에 시작하는 교육 입소인데도 연말이 되도록 발표를 안 하니, 신년도가 되어서도 계속 기다려야 되나 하고 고민하였다.

그때 공연을 보던 중 내 중학교 친구 이 계장이 하는 말이 마음속에 아직도 남아 있다. 그는 작은 소리로 "네가 교육을 가야 한다면 내가 포기할게." 이 계장은 교육 신청을 하긴 했는데 시간이 갈수록 마음이 반으로 갈라져 혼란스러워하는 느낌이 들었다. 그때 앞에 앉아 있던 오 계장님이 빠르게 뒤돌아봤다.

나도 모르게 오 계장님이 의식되었다. 자존감이 촉발되었다. 내가 혹여라도 "그래, 네가 양보해 줄래. 나는 정말 가고 싶어"라고 말했다면, 또 그 정도의 타협으로 교육생이 결정된다면, 교육생 선발은 두 사람에게도 그 가치를 잃고 공정성을 잃어버리겠다 싶었다. '이미 윗선에서 결정되었을지도 모르고 그러면 공문서로의 효력이 가해지고 있을 텐데 그 친구와 나의 선택으로 결정될 여지가 있겠는가? 올해 시간도 다 되어 가는데…' 하는 생각에 대답을 쉽게 할 수 없었다. 순간 가수 안치환의 노래 '꽃보다 아름다운 너'를 마지막으로 공연이 끝났다.

공연장에서 나온 나는 '결국 교육 신청 결과를 모른 채 이해를 넘기는구나'하며 불꽃놀이에서 멀리 떨어져 있었다. 입고 있던 코트가 떨어진 조각 불꽃에 의해 탄 곳은 없는지 코트를 벗어서 살피고 있었다. 갑자기 우울해진 기분으로 고개를 드니 어느새 오셨는지 동장님께서 교육생 선발 결과를 알려주셨다. "축하합니다, 김 계장. 원하는 대로 2008년도 장기교육생으로 선발됐네요." 공문을 미처 보지 않아도 좋았다. 동장님 말씀이라면 나로 결정된 것이 분명했다.

#환희의 기쁨

나는 감사드렸다. 이 아름다운 세상을 창조하신 하느님과 김천시 박보생 시장님께 감사드리며 무보직 환원을 안타까워하면서 나를 응원해 주신 동장님께 나는 마음속 깊이 감사드렸다. 나를 믿고 이 좋은 기회를 주신 세 분에게 기대에 어긋남이 없도록 성실히 교육에 임하겠다고 다짐했다.

나머지 공직 생활도 우리 지역사회를 위해 일할 수 있도록 이끌어 주신다고 생각하니 가슴이 벅차서 감격스럽기까지 했다. 소중한 인연으로 나를 응원해 주신 데 대해 동장님께 열 번 절을 해도 모자랄 심정이었다. 나는 그날의 감동을 평생 잊지 못할 것 같았다.

도전에는 불가능을 가능으로 만드는 용기가 필요하다. 속으로만 오로지 기대하고 행운만을 바라고 말하지 않는다면 당신이 무엇을 원하는지 아무도 모를 것이다. 가까이 계신 직속 기관장이신 동장님께 의견을 직접 표현한 것은 정말 잘했다는 생각이 든다. '고기는 씹어야 맛이고 말은 해야 안다'고 하지 않았는가.

그때가 2007년 송년의 밤이었으니 그리고 20여 년이 지났다. 세월은 유수 같다더니 점점 나도 그 감도를 느꼈다. 그런데 얼마 전 우리 가족이 모처럼 외식할 기회가 있어 식당 문을 여는 순간, 그때 그 동장님이 가족들과 함께 식사를 마치고 밖으로 나오고 계셨다.

  세월만큼 노인이 되어 계신 이병탁 동장님은 반가워 인사하는 나를 끝내 알아보지 못하시는 것이었다. 무안함을 무릎 쓰고 내 이름을 대고 지좌동에서 같이 근무했던 이야길 해도 끝내 나를 알아보지 못하신 채 거리에서 헤어져야 했다. 가족들이 모시고 집으로 가는 길이었다. 직지사 방향으로 가시는 것이 맞는데…. 간부라면, 이병탁 동장님같이 동료에 대한 온화한 배려심과 리더십을 갖춰야 한다고 나는 생각한다.

2. 거북이 달리기 대회

#2개월 무보직

2009년은 내가 한 공직생활 중 가장 활력이 넘쳤던 때였던 것 같다. 또 그만큼의 보람과 성취감으로 나에 대한 믿음을 갖고 일을 할 수 있었다. 주변 동료들의 도움과 협조가 없었으면 일어날 수 없었던 일들이 있었다.

경상북도 지방공무원 6급 승진을 하면서, 많은 사람이 가고 싶어 했던 약 1년간의 장기 교육을 마치고 나는 교육 직전 근무했었던 면사무소에 문을 활짝 밀치며 들어갔다. 연말이니만큼 정기 인사 발령에 앞서 시청 인사과에 교육 수료증을 제출하고 오는 길이었다. 그때까지도 본청 인사 담당자는 나에게 아무 얘기가 없었다. 이틀 전에 인사이동이 있는 줄 모른 채, 전 근무지 면장님과 동료들에게 인사차 들린 것이다.

그런데 장기 교육을 가기 전의 내 자리에는 다른 신규 승진자가 앉아 있었다. 물론 민원 업무가 많은 일선 행정기관인 면사무소에 1년 동안 장기 교육으로 인해 호적계장 자리를 비워둘 수도 없는 것은 당연지사다.

면장으로서 차기 대상자를 공석에 충원시키고 업무를 분장케 하여 원활한 조직 행정을 추진하는 것은 맞다. 그건 그렇다치고, 그럼 1년 후 다시 돌아올 내 자리는 누가 보전해 주어야 하는가? 아무튼 본청 인사 담당자의 교육 초창기 업무미숙의 실수인지, 관례인지는 모르겠지만 교육 후 복귀할 인원을 생각지 못해 내 자리가 보이지 않는 데에 대해서 이해가 가지 않을 뿐 아니라 서운한 일이었다.

내 직위에 인사 요인(명퇴를 포함한 사직 및 일반퇴직자)이 생기면 수시 발령을 낼 테니 면장님을 도와서 주요 업무를 추진하라는 대답을 들었다. 그것도 그 당시 인사 때 승진하신 신임 면장님을 통해서 알았다. 그 당시에는 읍·면·동사무소에서는 연초가 되면 읍면동에 시장님의 초도순시 및 의회 업무보고 준비 등으로 인해 면사무소의 분위기가 좋게 말하면 활력이 넘쳤고, 다르게 말하면 어수선하였다.

그날 이후 나는 출근하면 면장님의 출장 일정에 따라 경로당 새해 인사 방문 시에는 면장님과 같이 가서 남자가 하는 큰절을 올렸고, 새마을 부녀회에서 주관한 가래떡 나누기 사업에 동참하여 방앗간에 가서 리(里) 별로 나누어 줄 떡가래 수를 확인하는 작업도 하였다.

신규 업무로 맡았던 '그린 에너지 에코(Green Energy Echo)' 사업도 예정대로 잘 진행해 나갔다. 이 사업의 운영 방안을 정할 때. 처음부터 실패할 가능성이 작은 방안으로 제목을 붙였다. 그린에너지 에코 사업 운영과 관련해서, 그 세부

추진 내용으로 나는 면내 출장 시에는 자전거를 이용할 것을 제안하였다. 실천가능한 방안부터 기획해 본 것이다. 직원들에게 아침 회의를 통해 권장했고, 그날 내가 직접 자전거를 타보고 면 전체 동네를 한 바퀴 돌아보기도 하였다. 그 지역은 경사진 길이 많지 않고 차량 통행이 드문 편이라서 자전거 타기가 비교적 어렵지 않았다.

  2개월간 내가 근무했던 개령면사무소 건물은 앞에는 넓은 내가 흐르고 뒤로는 비탈져 높아지는 전형적인 남향 건물에 해당된다. 면사무소 앞에는 고목인 왕버들 나무를 중심으로 예쁜 연못이 있었다. 그 연못의 이름은 '동부연당'이었는데, 이 지역 고대국가였던 감문국의 궁궐터였다고 한다. 내가 당직을 섰던 겨울에는 저녁 9시가 되면 왠지 묘한 기분이 으스스하게 느껴지기도 하였다. 아무튼 지금은 그 연당을 소규모로 꾸며서 감문국의 유적으로 재정비하였다. 새해를 맞은 개령면사무소의 하루하루는 바쁘게 지나갔다. 2개월을 끝으로 나는 나그네 같은 자리를 청산하고 3월부터 남면사무소 주민생활 담당 계장 자리로 오게 되었다.

#경북혁신도시 '드림밸리' 조성

  남면사무소에 가자마자 제일 먼저 인사차 관내를 돌다 보니 경북 혁신도시인 '드림밸리' 조성으로 이 지역은 말 그대로 '상전벽해'를 이루었다. 남면사무소는 내가 1993년에 와서 4년 동안 근무를 하였던 곳으로 8급에서 7급 주사보로 한 급 더 승진시켜 준 곳이기도 하다.

남면은 두 번째 근무하게 된 인연 깊은 지역으로 반갑고 정겨웠지만, 두 번씩 근무를 희망할 만큼의 여유는 없었다. 더구나 장기 교육을 갔다 와서 사기충천한 나에게 면사무소 근무가 몸에는 맞지 않는 옷을 입은 것 같은 시건방이 마음속에 자리 잡고 있었던 것 같다. 그러나 다행인 것은 전에 본청 호적계 있을 때 이 면장님과 같은 업무를 보면서 알게 된 인연이 있었고, 바로 그 면장님을 나는 평소 존경하고 있었다는 것이다. 면장님도 나를 믿어주셨고 수시로 면 행정을 가르쳐 주셨다.

내가 발령 직후 남면사무소의 당면 업무는 '거북이 달리기 대회'였다. 이 대회는 김천시 건강 증진 사업으로 선정되어 행사 일정이 계획되어 있었다. '거북이 달리기 대회'는 통상적으로 말하면 '면민 걷기 대회'였다. 이 행사가 내가 지금부터 맡을 업무였다. 그리고 노인복지업무와 묘지 업무가 있었다. 적지 않은 업무량이었다.

혁신도시 내에 있는 무연고 묘지만 해도 수만 개 수천 개에 달했다. 묘지 업무는 본청 업무로 조례상에도 업무관장이 정해져 있었는데, 묘지가 있는 현장 확인이 용이하다는 이유로 현장 관할 이장의 확인을 받아 면장 확인을 받는 절차가 있었다. 묘지 이장이 많을 때는 하루에도 수십 건의 접수가 들어온다. 그때는 묘지 이장이 마무리 단계인데도 무연고 묘지를 이장하는 과정에서 친족간 소송에 이어 맞소송들이 벌어져 집안끼리 갈등도 많았다.

거기에다가 오지마을, 오봉저수지를 끼고 있는 오봉리의 다섯 개의 자연부락을 내가 분담할 마을로 결정되었다. 겨울에 동 회관에서 반상회를 마치고 깜깜한 저수지 둘레길을 따라서 나올 때 기분 또한 묘했었다. 어쩌다가 뒤를 따라오거나 앞서가는 차량의 헤드라이트가 있으면 반갑고 안심이 되었다.

#면민의 단합을 다지다

'면민 걷기 대회' 행사는 두 달 가까이 시간적 여유가 있었기 때문에 구체적인 계획은 이제부터 세우면 될 것 같았다. 2006년도에 본청에 있으면서 전국체전을 준비하던 경험을 바탕으로 한가지씩 챙겨 나갔다. 제일 먼저 과제가 행사할 장소 선정이었다. 마침, 혁신도시 이주 마을 집터를 다듬고 있어서 행사하기에 적절했다. 땅을 밟아 땅 굳히기, 땅 고르기 효과 등을 주장하여 결정이 쉬웠다.

나는 이 큰 행사를 위해 적은 예산을 최대한 이용했다. 선두에서 마을 주민들과 함께 걸어오는 마을 이장님에게 안겨주는 꽃다발은 꽃목걸이로 준비했다. 애드벌룬 같은 열기구도 푸른 하늘에 과감하게 띄우기로 했다. 그러나 그날 하늘과 땅 사이 중간에 바람이 세차게 불어, 가스를 넣어 띄워 올린 풍선이 기대한 만큼 떠오르지 않아 가슴을 쓸어내렸다.

음식을 장만하고 키 큰 텐트 안에 과방을 만들어 마을 주민들에게 음식을 제공하는 등 아주 흥에 겨운 축제로 분위기가 고조되고 있었다. 텐트 자리는 마을 순서대로 공간을 나누어 배분했다. 공교롭게도 내 담당 마을 이장님이 바닥이 고르지 않고 경계가 갈라졌다며 텐트 자리를 다른 데로 다시 지정해 달라며 뛰어오셨다. 달려오시는 이장님의 눈과 나의 예사롭지 않게 흘긴 눈이 마주치자, 이장님은 웃음이 바가지로 터져 나와 배꼽을 잡고 웃으셨다. 거기에 내가 한마디 한 소리를 몇 달을 두고 반복하셨다. 그에 대한 나의 미안함은 그 말씀 할 때마다 배가 되었다.

물론 면장님을 비롯해 전 직원이 힘을 합하여 큰 행사를 진행하지만, 담당자인 나는 누구 못지않게 긴장되어 있고 날이 서 있었는가 보다. 이장님에게 한 말이 "바빠요, 이장님! 말도 걸지 마세요"였다면서, 그 대목이 그렇게 우습고 예뻤다고 한다. 그 무엇에 홀리듯이 열심히 하는 모습은 누구를 막론하고 좋게 보이는 것이 맞는가 보다. 이장님은 얼른 마을 텐트로 돌아가 땅도 고르고 주변을 깨끗이 정비했다며, 그 말씀을 내게 몇 번인가 기분 좋게 되풀이하셨다.

행사 끝부분 마무리 단계에서 성의여고 출신 음악밴드 '매그파이'가 공연을 했는데 지역 음악 밴드로 급부상하고 있는 그녀들의 인기는 하늘을 찌르고 있었다. 시민 어느 한 분의 제안을 참고는 했지만, 내가 섭외를 쉽게 하였다는 것이 신기했다. 행사 결과부터 말하면 사회자 예능 MC의 노련한 진행과 지역 소개는 물론이고, 시나리오도 아주 잘되었다는 평을 받았다. 이러한 결과는 뭐니 뭐니해도 긍정적인 마인드에서 한마음 한뜻으로 뿜어나온 남면 직원들의 저력이라고 할 수 있다.

15개 읍·면에서 세 번째의 개최지인 까닭에 타 읍면 직원 손님들의 벤치마킹도 많았고 단합된 면민들의 밝은 모습도 보기 좋았다. 그러나 잔치가 끝난 후 도와주신 면민과 동료들에게 차라도 한 잔 대접해 드리지 못한 것이 걸린다.

3. 세 여자의 비밀

#등산화 신고 물통 등에 지고 산불 진화

요즈음 내가 다니던 시청을 퇴직한 뒤로는 관내에 산불이 났다고 119가 앵앵거리며 속도 관계없이 달려가는 것을 보아도 별다른 긴박감을 느끼지 못하고 있다. 그건 이제 나와 상관없는 업무가 되어 내가 신경을 쓰지 않아도 되기 때문이다. 그러나 내가 재직 중에는 비상등을 켜고 금방이라도 넘어 갈듯한 소리를 내며, 기어코 위험한 속도로 내 옆을 지나가면 나는 초긴장이 된다. 그리고 그런 일이 보통 일상화되어 있었다는 기억이다.

예전에는 봄철마다 산불이 날세라 무척 염려하였다. 사월 초파일을 앞두고 산불 취약 지구에 산불 예방 분담을 맡은 나는 면장님의 아량 넓으신 배려에 힘입어 둘째 아이를 업고 숙직실에서 전화를 받으며 당직 보조를 선 적도 있다. 그만하면 아주 큰 배려이다. 어머니에겐 초파일이 다가오면 친정 동생이 하는 암자에 한 열흘씩 있다가 오시는데 이때가 어머니로서는 서울 친정 가시는, 연중 최고의 휴가 기회였다.

암자에 연등 손님이 많을 때는 보름이 넘어서 오실 때도 있었다. 그러면 우리 아이들 둘 다 인근에 있는 외할머니 집에 맡겨져야 했다. 애들은 이불 요에 그려진 치마 입은 엄마를 계속 부르더란다. 그럴 형편이라도 되면 괜찮다. 애들을 키우면서 직장생활을 한다는 것은 지금도 큰 모험이 따른다. 남자들은 그 어렵고 고단한 사항을 반도 모른다.

어릴 때는 잦은 감기와 각종 알레르기성 질환에 시달리는데, 이들 질환은 봄이면 더 극성을 부린다. 우리 작은애도 그 무렵에 수두를 앓아서 얼굴이 엉망인 적이 있었는데, 볼 것 없이 외할머니가 맡아서 다 나을 때까지 책임져야 했다. 1990년대 초, 그해 봄에는 잘도 견디는가 했다. 그러나 여느 때 같이 공기가 건조해지며 잔기침이 시작되었다. 시어머니는 서울 친정 가시어 안 오시고, 친정엄마는 돌나물 뜯으러 가기로 친구와 약속했다고, 그 일에만 신경을 쓰시니 별수가 없었다.

추진력이 강력하신 면장님과 같이 근무하려면 '예외'라는 것은 없었다. 그리고 그 시절에는 산불이 빈번해서 전날 석회 때 분명히 말씀하셨다. "애기 봐 줄 사람 없으면 데리고 오라고, 내가 봐준다고." 면장님은 하신 말에 책임을 진다며 나에게 두 돌인 딸과 함께 사무실 근무를 명하셨다. 워낙 산불 예방 활동이 다급했고 면장님은 연기가 빈번한 초소 자리마다 요원을 지정하여 산불 예방 빨간 모자를 쓴 채 지켜달라고 하셨다. 그런 마당에 나는 꼼짝없이 가끔 울기도 하는 아이를 달래 가며 당직자 보조로 당직실을 지켰다. 그날 고생 많이 했다.

그 이후로는 나는 아이를 데리고 사무실에 나간 적이 한 번도 없었다. 1994년쯤이었던가. 다른 면사무소로 발령이 났다. 십여 년 전에 초임 발령을 받고 처음으로 이동하는 전보였다. 한가지 업무로 십 년을 봐 왔다며, 주민등록업무 말고 다른 업무를 보고 싶다고 면장님께 대답했다. 드디어 총무계 서무가 주어졌다. 총무계장님은 그 지역 본토박이로, 겉으로는 조금 세어 보였으나 내심은 아주 부드러운 분이셨다.

그곳에는 1년 전에 발령받은 신규 여직원이 주민등록업무를 보고 있었다. 같은 곳에서의 근무는 처음이지만 업무연찬 등 회의 장소에 이미 알고 있던 후배라서 금방 친숙해질 수 있었다. 그러나 해가 바뀌자마자 그녀는 출산을 앞두고 집에서 가까운 동사무소로 이동이 되었다.

이어서 새로 온 여직원은 내가 평소 참 좋아했던 똑똑하고 지혜로운 10년 후배 직원이었다. 그녀는 원래 공무원 시작 때부터 재치가 있었다. 그녀는 나를 처음 대할 때부터 '사부님'이라고 부르며 모르는 것이 있으면 즉각 질문하여 나를 난처하게 만들기도 했다. 그녀는 지금은 시에 과장님으로 계신다.

그리고 여직원 한 명이 더 추가로 발령받아 왔는데 그 신규 발령 여직원은 대학을 졸업한 지 조금 되었고, 나이는 20대 중반은 넘어 보였다. 그 직원은 인물은 보통인데도 소내 직원들과의 소통도 잘되고 인간관계의 기술이 좋았다. 다행이었다. 더 다행이었던 것은 그해 겨울에 눈이 많이 왔다는 것이다. 그러니 겨울 산불 예방 활동은 거저 지나간 셈이다.

#비밀 이야기로 친해지다

저수지 가에 버드나무가 휘늘어질 정도로 녹음이 우거지기 시작했다. 그런데 아침부터 면사무소 앞뒤에서 큰 사이렌 소리가 울려댄다. 산불이 난 것이다. '다른 시군의 산과 우리 지역의 경계 지점으로 우리 지역에서 발화된 것 같으며 우리 쪽에서 연기가 더 많이 나는 것 같다'는 신고가 들어왔다. 소리가 급박했다. 남직원들은 아침 일찍 와서 준비해 놓은 등허리 물통에 물을 가득 담아 뚜껑을 닫으며 연기가 나는 쪽으로 날아갈 듯이 전속력을 내며 사라졌다. 우리 면사무소 1호차 기사님은 물통 하나씩 우리 등에 달아 주며 물 호스로 산불 마무리하는 요령을 알려주고는, 역시 주불 팀에 가서 지금까지 가꾼 기량을 뽐내는 시연가가 되었다.

우리 세 명의 여직원은 등산화를 비벼대며 잔디를 태우고 있는 꺼져가는 불꽃을 비벼서 껐다. 고무 타는 냄새가 진동할 때 우리는 두려움을 느끼고 등에 메고 온 무거운 물을 시원하게 뿌려 댔다. 시간이 흐르고 어지간히 잔불도 정리됐으니 하산하라는 명령이 있었다. 내려가려니 우린 이미 너무 멀리 와 버렸다. 우리는 또 같이 고생할 것을 생각하고, 셋이서 서로를 가까이에서 봤다. 웃음이 터질 무렵, 지금은 과장님이 된 C양(주무관)이 "우리 내려가면서 자기가 가장 형편없었다고 생각하게 된 행동에 대해서 어떤 것이 있는지 하나씩 얘기하기로 해요."라고 한다. 이렇게 하며 사람 다루는 기술을 익힌다는 것을 알았다.

C주무관은 벌써부터 그러한 마인드로 조직을 이끌어 나가는 힘이 보였다. 순서는 가위, 바위, 보로 내가 1번 순이었다. '가장 형편없었던 때를 이야기하라고? 창피하게, 그것도 나보다 어린애들 앞에서.' 시간의 한계가 있었으므로, 반은 산불로 타버린 산을 다 내려가기 전까지 이야기를 다 하려면 이야기를 서둘러도 바빴다. 나는 그때를 떠올렸다. 그때로부터 10년 전 마산에서 양장 일을 할 때 어리석었던 사실을 공개하려고 하니, 신규직원 B양이 자기가 빨리하고픈 마음으로 자기부터 먼저 얘기하려고 했을 때도 A양(나)이 먼저라며 신청을 저지했다. 그때도 나는 C양의 카리스마에 뜨끔했다.

A양의 부끄러운 이야기는 이러했다. 그때 마산에 충무여고, 마산여고, 마산여상의 교복 춘추복 맞춤이 밀려 추석 때 집에 못 올 줄 알았는데, 올 수 있어 재수가 좋았다. 더 좋았던 것은 내려갈 때 김천서 마산 가는 무궁화호 열차를 탔는데 옆자리에 키는 크지 않지만, 준수한 청년이 앉은 것이었다. 내가 옆자리에 앉으니, 그가 마주친 눈으로 인사를 했다. 심쿵 했

다. 부끄러움 반, 설렘 반으로 기차 안의 텁텁하고 무거운 분위기는 사라지고, 그 처음 본 남자(K군)가 처음으로 걸어오는 말이 "목소리가 참 순수하고 예쁘다"고 하였다. 그리고는 얼굴이 아기자기 예쁘다며 자기 엄마가 보면 참 좋아하실 것 같은 얼굴이라며 슬그머니 말을 던졌다. 나는 정말 그런 줄 알았다. 그날 화운데이션이 잘 먹은 것 같았다. 그러더니 팔에 팔을 닿으며 무슨 일을 하느냐고 해서 감각이 무딘 척 순진하게도 다 말했다. 스물두 살 나이까지도….

기차 앞쪽에서 승무원이 승차권 확인을 시작하는 모양이었다. K군은 내 귀 쪽에 대고 속삭이듯 말하였다. 기차표를 대전서부터 연장했었어야 했는데 깜빡하고 지갑을 안 가져와서 마산까지 가려면 2만 원이 부족하다는 것이었다. 그가 빌려달라고 해서 나는 아무 의심 없이 마산역에 같이 내렸다. 마산역에는 때 이른 싸라기눈인가, 차가운 비인가가 내리기 시작했다. 빌려준 돈 2만 원과 집 주소, 다시 만날 시간과 장소를 정했지만, 만나는 시간은 일주일을 기다려야 했다. K군 이름은 지금도 기억이 안 나지만 생각해 보면 너무 작게 말해 들리지도 않은 것 같다.

작별 인사를 하고 아쉽게 돌아섰는데 나의 볼을 손으로 터치하면서 다시 한번 "오늘 볼이 볼그레하게 너무 예뻐서 못 가겠네"하며 역 앞에 있는 다방에서 뜨거운 커피를 사주겠다고 잠깐 앉으라고 했다. 나는 금방 그가 좋아졌다. 아! 이 사람이랑 잘되면 좋겠다는 생각에 얼굴을 똑바로 보았다. 역시 괜찮네. 고려대 학생답네. 결혼할 때 두 집이 격차가 심해 장애가 되면 어쩌지, 하는 생각에 며칠 잠을 설쳤다.

만나기로 한 날, 이른 새벽 사우나를 마치고 늦지 않게 준비해서 그가 알려준 번호의 시내버스를 탔다. 내가 마지막 종점에서 내려 마산의료원 쪽으로 오면 K군의 가족이 사는 저택이 있다고 하였다. 종점까지 오면 시간 맞춰 나오겠다던 K군은 한 시간이 넘도록 기다려도 오지 않았다. 고려대학교 의과대학 3학년인 마산병원장의 아들이 뭐가 아쉬워 나를 사귀려 했을까. 연애사기를 당한 것이다. ㅋㅋ

다음은 B양의 황당한 이야기가 기다리고 있었다. 이 길로 조금만 내려가면 자기가 분담하고 있는 마을의 이장님 집이 있다며 같이 가보자는 물음에 다음 기회에 가보자며 C양과 함께 이야기를 계속해 보라 하였다. 이야기인즉 자기가 맡은 분담 동네에 그 작고 순진해 보인 이장님이 노골적으로 "B양을 보고 미인이라고 해서 고민이다"라는 얘길 듣고 안 웃을 수가 없었다.

B양은 왜 웃느냐고 계속 의문을 제기해 왔으나 우리는 아무것도 아니라고 대답했다. 그 이장님이 하도 B양에게 반해서 정신을 못 차리길래 가정의 환경이 어떤가 하고 댁에 가보니

그 사모님은 아주 뛰어난 미인이더란 얘기. 우리도 그 사모님이 미인이란 것을 이미 알고 있었기에 사실 B양과 비교하기는 좀 그랬다.

그래도 그녀는 그 얘길 계속 반복해서 요즈음 고민 중 최고 고민이라며 진지하게 풀어놨지만, 그저 보통 정도 인물인 B양은 자기 자신을 잘 모르는 것 같았다. 그러자 C양이 상대성과 주관성에 대해 잘 설명해 주는 것 같았다. 설명이 길어지는 사이 우리는 큰 도로로 내려와 버려 C양의 곤란했고 후회됐던 얘기는 들을 기회가 없었다. 결국은 A양과 B양의 부끄러운 치부만 드러나고 만 것이다. 그러나 그날 이후 세 사람의 관계는 돈독한 절친이 되어있었다. 여기 털어놓는 비밀의 사건은 30년, 40년 전에 있었던 일이니 이제 말해도 상관없지요?

4. 파킨슨 씨 같이 갑시다

#파킨슨을 원망하며 충혼탑에 참배

파킨슨병 진단 후 바로 퇴직할 수가 없었다. 평소에 하던 대로 직장생활과 투병 생활을 2년 동안 하면서 어떠한 생각으로 그 시절을 살았는지 갈피를 잡지 못하였다. 정신적인 아픔은 말로 다 표현할 수가 없었고 누구를 원망할 단계가 아니었다. 그냥 답이 없었다. 누구의 변명과 해명도 위로가 안 되는 병이 내게 찰싹 달라붙어 있었다. 이제 좀 재미있는 직장인으로 거듭나고 싶었는데 안하무인 파킨슨이 달려들어 다양한 방법으로 내를 불편하게 했다.

결국 나는 파킨슨병과 싸우다가 7년의 퇴직 기간을 남겨놓은 채 다니던 직장을 그만두었다. 희귀병을 앓으면서 공직 생활을 하기에는 여간 인내가 필요한 것이 아니었다. 하필이면 왜 나에게 그런 병이 온단 말인가. 호적이 전산화가 되기 전에는 예전부터 하고 싶었던 펜글씨로 제적부 정리도 하고 싶었고, 호적 창고에서 공부(公簿) 정리도 내 키에 맞게 해 놓고 싶었었다.

더욱이 나의 파킨슨병은 오른쪽 부분에 더 증상이 심하게 나타났기 때문에 힘 빠진 오른손은 윗옷 주머니에서 자주 나오지 못하고 긴장한 채 쫄아 있었다. 쓰기가 많은 업무를 내 오른손이 감당해 내기에는 부담의 폭이 커져 어느 날 퇴직을 결심하게 된 것이다.

그리고 2014년 6월 말, 준비 없이 명예퇴직을 하였다. 계절은 불볕같이 뜨거운 여름이었다. 즐기는 운동 종목이 따로 없어 우리 아파트 뒷산 등반로를 따라 자산공원에 가는 것을 목표로 하는 걷기운동을 나의 종목으로 정했다. 매일 같이 아침 조깅을 한 시간 정도 하고 나면 긴 하루가 모두 내 시간이었다. 그 당시는 질병 초기라서 떨리는 손이 약간 어색했지만, 오른손을 주머니에 넣은 채 걸었다.

같은 코스로 아파트 인근에 있는 현충탑에 매일 참배하면서 조화롭지 못한 인간사가 억울해서 현충탑에서 못 떠나는 영령들에게 독백으로 나의 고통을 고해바쳤다. 그리고는 자산공원을 한 바퀴 돌면서, 원만한 구릉을 혼자서 걷다가 뛰다가 집에 도착하는 것이 그 날 내 운동의 목표였다. 그 외에 다른 계획을 세운다는 것은 나에게는 사치와 같았다.

집에 도착해 시간을 보면, 일찍 시작한 날이나 늦게 나간 날이나 한 시간 정도의 시간이 소요되었다. 물 한 잔 마시고 거실에 깔아놓은 매트 위를 뒹굴며 요가 동작으로 몸을 풀기 시작했다. 온몸을 이완시켜 천장을 보고 누워 팔다리를 들어 유연 운동을 해 봐도 신통치 않았다. 희망이 없는 삶이란, 의미 없는 삶을 대신한다. 그런데 신기하게도 시간은 유수같이 빨랐다.

  나보다 4~5년 늦게 퇴직한 장 언니도 쉽게 만나 차 한잔하는 여가를 즐기기에는 내 몸이 많이 아팠다. 그때 언니에게 다정하게 대해주지 못한 것도 마음에 걸리는 부분이다. 퇴직 후 십여 년 가까이 혼자서도 시간을 잘 보내며 집에서만 근신하던 2021년 봄에 장 언니가 모처럼 따스한 햇살을 받으며 나를 데리러 왔다고 하며 활짝 웃는 얼굴을 하고 도서관에 가보자고 한다.

  장 언니는 재직 시 친절하고 신뢰감 있는 목소리로 부서 및 직원 안내를 했던 정보통신과 소속 직장 선배다. 장 언니와는 근무할 때부터 점심 식사를 교대해야 하는 '한 배를 탄 운명의 관계'로, 구내식당 이용 시간에 맞추어 서로 배려하며 절친하게 지냈었다. 그러나 퇴직 후 서로에게 주어진 시간이 많았던 것 같은데 자주 만나지는 않았다. 그냥 적당한 거리에서 서로에게 폐가 되지 않으려는 심산이었던 것으로 추측한다. 그날 우리 두 사람은 2003년도 남산동에서 평화동 현재 자리로 신축 이전한 시립도서관을 찾았다. 이 도서관 개관식 때 건물 안내를 맡아 바쁘게 뛰어다녔던, 바로 그 추억의 시립도서관 로비를 다시 찾은 것이다.

#파킨슨 씨와 친구 되다

그날 그 추억의 시립도서관에 가서 우리는 '나의 인생이 담긴 그림책' 수업에 수강 신청을 냈다. 무슨 까닭인지 가슴이 콩닥콩닥 뛰어오르기 시작했다. 기분 좋은 설렘이었다. 그 그림책 한 권이 속으로 원망해 오던 파킨슨 씨에 대한 나의 마음을 잡아줄 줄이야. 내가 '나의 인생이 담긴 그림책', 그 책에서 표현한 의미 있는 주제는 '자녀들의 문제를 스스로 해결할 수 있는 능력을 길러 주자'는 것이었다. 그 주제가 내 인생에 그렇게 많은 부분을 차지하고 있는가는 객관적으로 봄이 타당할 것이다. 나도 모르게 그 부분에서 삶의 후회가 도드라지게 드러났다는 것인데, 파킨슨 씨에게 들켜 버린 것이 오히려 후련했다. 나머지 인생을 파킨슨 씨와 함께 가겠다. 조용히 인정하면서….

그리스신화에 나오는 새벽의 여신인 에오스의 애인 티토노스의 '끝없는 노화의 비극'은 티토노스가 죽지 않고 계속 늙어만 간다. 그렇다면 사랑의 한계에 다다를 짧은 시점에선 티토노스의 종말을 어떻게 받아들여야 할까? 유수연 교수의 《의사가 읽어주는 그리스 로마 신화》를 읽으며 나는 많은 생각을 했다.

나는 몸에 통증이나 약 복용 후유증이 약해진 시간을 활용해 가족을 위해 요리를 하거나 간단한 가사일을 한다. 초등학교에 다니고 있는 손주 녀석들이 주말에 내 집에 올 때면 나는 그 애들이 좋아하는 감자볶음을 미리 해 놓는다. 그러면 우리 손주들은 할머니가 최고의 셰프라며 엄지를 위로 추켜세운다.

오리가 물속에서 발길질을 바쁘게 하듯 나도 아픈 것을 부정하기 위해 바쁘게 움직인다. 그러는 과정에서 몸은 점점 경직되었고 굳어져 가고 있었다. 생활 중에 불편한 것은 약의 내성으로 약효 시간이 줄어드는 것이다. 그만큼 내가 가족들을 위해 일할 수 있는 시간이 적어진다는 것이다. 그래서 내가 가장 중요하다고 손꼽는 것은 파킨슨약 도파민의 주성분인 '레보도파'를 철저히 시간 맞춰서 먹는 것이다. 내가 약 먹는 시간을 철저히 지켜서 나의 친구 파킨슨은 내 담당 의사의 약제 처방에 보답이라도 하듯이 천천히 아주 느리게 나에게 왔는지, 또 오고 있는지 모른다.

또 정기적으로 수지침을 맞아 온몸에 기를 통하게 하는 방법을 적용함으로써 파킨슨이 나를 향해 질주하는 것을 그나마 막아주었다고도 나는 믿고 있다. 일주일에 한 번, 손바닥 혈을 따라 수백 개씩 꽂아놓는 동양의학 수지침의 효과에 대해 나는 인정할 수밖에 없다. 침을 놓는 이와 침을 맞는 사람의 마음가짐에 따라 결과도 긍정적으로 바뀌는 것을 나는 경험했기 때문이다.

십여 년 전, 내가 발병 초기 읽었던 관련 책에 의하면 일본의 동양 한의학자인 '미즈시마 타케오' 클리닉 원장은 파킨슨은 일본인 1,000명당 1명이 발병한다고 했다. 그는 《파킨슨병, 집에서도 치료할 수 있다》라는 저서에서 고령의 노인이면 뇌의 수축이 당연히 이루어짐을 밝히고, 불가피하게 환자가 늘어날 것임을 시사했다. 그가 예측한 대로 오늘날 파킨슨병 환자의 수는 기하급수적으로 늘어나고 있다.

'피할 수 없으면 즐기라'는 말이 이 세상 모든 대상에 해당하는 것은 아니지만 어쩌겠는가. 초대하지 않았다고 해서 무슨 수로 파킨슨의 방문을 저지할 수 있겠는가. 파킨슨 환자들을 돌보며 그 임상을 연구하는 현대 생명과학자들의 끊임없는 실험과 연구의 성공을 기대하며 같이 가는 수밖에. 파킨슨 씨 같이 가봅시다.

파킨슨 씨는 이제 하늘이 제게 주신 자기반성의 선물이라고 생각한다. 그 친구는 '매일 감사하며 살라'는 성경 말씀을 내 마음에 새겨준다. 그리고 '내 십자가의 무게에 맞게 살아가라'는 순리를 가르쳐 주었다. 그동안의 현실을 외면하여 보지 않으려 하던 때도 있었다. 이제야 세상과 마주하며 서게 될 때까지는 많은 시간이 흘렀다. 앞으로도 더 얼마만큼의 시간이 필요할지는 모르지만, 나의 생각과 태도를 이만큼 성장시킨 것은 바로 파킨슨, 이 친구다. 파킨슨 씨 같이 갑시다. 서로에게 감사하며 존중하며 같이 살아 갑시다.

5. 20년 만에 돌아온 줄기세포

#과거 줄기세포의 복제

　우리 중에 몇몇 분들은 2005년도에 '사람의 체세포를 복제한 배아 줄기세포로 복제한 젖소를 만드는 데 성공했다'는 보도를 기억할 것이다. 당시 서울대학교 수의학과 황우석 교수는 1999년 배아 줄기세포 배양의 성공자로 이를 과학잡지 '사이언스'에 발표하여 세계인의 주목을 받은 바 있다.

　그때 황 박사는 서울대학교 이병찬 교수와 함께 복제가 극히 어렵다고 하는 개의 복제를 타깃으로 삼아 연구했는데, 이 연구진은 과학잡지 '네이처'에서 인간과의 유사성을 가진 개의 복제가 가능함으로써 난치성 질병의 치료에 기여할 것이라고 발표하여 많은 환자의 희망찬 관심을 모았었다.

　그러나 2005년 11월 황 박사는 허위 논문 조작 등의 혐의로 많은 어려움을 겪은 후 우리의 관심에서 사라졌다. 그 후 20년이 지났다. 당시 40대 중반이었던 우리의 친구들이 60대 중반의 할머니가 되었는데 황 박사의 연구진이 줄기세포 배양과 관련하여 연구 중이라는 소식을 들은 적이 있다. 연구진은 황 박사를 포함하여 약 60명에 이르고 관련학과 후배 교수들의 참여와 후원이 끊임없이 이루어지고 있다는 이야기도 있다. 이렇듯 배아 줄기세포를 활용한 치료 시도는 위축된 연구 환경에서도 계속 이어져 왔다.

2024년 가을, KBS 뉴스에서 획기적인 희소식으로 '배아 줄기세포를 활용해 파킨슨병 환자의 증상을 개선했다'는 국내 의료진의 연구 결과를 발표했다. 임상 실험 중인 15년째 파킨슨병을 앓고 있는 50대 남자 환자는 "줄기세포 이식 치료 이전에는 장기 투병으로 증상이 악화돼, 걷기는 물론이고 스스로 화장실에 가기조차 힘들었다"고 취재에 답했다. "그러나 1년 전 고대 안암병원 신경외과 장진우 교수에게서 배아 줄기세포 이식을 받은 뒤에는 하루 5,000보 이상 걷기와 탁구, 배드민턴 등 구기 운동도 20분 정도 할 수 있는 상태가 되었다"며 인터뷰에 응했다고 한다.

마침 1년 전, 고대 안암병원 연구팀에 의해 쥐를 대상으로 한 임상 실험에서 배아 줄기세포 이식수술이 이루어져 그 효과성 검증에 성공했다는 보도를 들었던 기억이 났다. 그리고 다음 단계인 인간을 대상으로 배아 줄기세포 이식에 도전하면서, 도파민을 분비하는 신경 전구세포로 분화시킨 뒤 환자의 뇌에 주입하는 이식수술을 한다고 한 것이 생각이 났다. 그 뒤로부터 1년 후의 결과를 목표로 임상 실험에 들어간다고도 공포했었다. 벌써 1년이 지나갔단 말인가.

그동안 근근이 들었던 의학 전문기자들의 성급한 판단과

기대는 희망 고문으로 제쳐 놓고 나는 큰 기대를 하지 않았다. 예사로이 여겼건만 그날 저녁 뉴스가 방영되고 있다고 2층 사는 선배로부터 전화 연락을 받았다. 알려주는 사람이 새로운 의학 개발 소식에 더 흥분했었는데, 실제 수혜 대상자인 나의 시큰둥함은 도대체 뭔가.

여기에 여전히 장기간의 임상 실험 기간이 더 필요하고, 1년간 3명의 임상 실험 결과 44%의 세포증식이 확인됨으로써 3명을 증원하여 총 6명을 대상으로 1년간 더 임상 실험 결과를 지켜본다는 계획을 이야기하며 화면이 바뀌었다. 또한 연구팀은 배아 줄기세포를 정확한 부위에 집어넣지 않으면 그 회로가 이차적으로 연결되어서 환자의 증상을 정상화하기가 어렵다는 단서도 잊지 않고 말했다. 참 어려운 도전이다. 다만 1년 간의 임상 실험을 거친 3명의 뇌 영상 검사를 통해 도파민을 분비하는 뇌 부위가 훨씬 커진 것을 보여 주었다. 뇌에 들어간 신경 전구세포가 도파민을 분비하는 신경세포로 성장했음을 나타낸다고 설명했다.

세브란스병원 신경과 이필휴 교수는 "배아 줄기세포 이식 치료는 파킨슨병 환자가 복용하고 있는 도파민의 양을 상당히 많이 줄일 수 있을 것으로 기대되고, 약 기운이 떨어졌을 때 몸이 굳는다든지 보행이 어렵다든지 하는 이런 운동성 부작용들이 상당히 많이 호전될 것으로 보인다"고 기대감을 부여했다.

내가 파킨슨병 진단을 받은 지 10년이 훨씬 지났다. 서울아산병원에서 진단받고 얼마 안 되어 파킨슨에 대한 글자들이 크게 내 눈에 들어왔다. 파킨슨 글자는 교묘하게도 나를 유인했고 '파킨슨병 치료길 열리다'라는 유혹의 글귀는 담당 주치의에게 보여드리려 흥분된 채 출력으로 이어졌으나 응대하는 의사 선생님의 반응은 대수롭지 않았다. 안타깝다는 태도는 신약 개발에 매진하고 있다는 문장과 섞이어 나를 바로 또 절망의 세계에서 길을 잃어 혼란스럽게 만들었다.

그 이듬해에는 '벌침으로 파킨슨병, 집에서도 치료할 수 있다'는 일본 의사가 집필한 것을 번역한 경희 한의대 조기호 교수님에게 획기적인 효과를 기대하며 찾아간 적이 있다. 진단 초기라서 만 가지 고민과 걱정으로 나는 10Kg 이상 몸무게가 빠지고 삶의 의지도 힘도 없을 때였다. 유독 아프다는 벌침을 주기적으로 몇 번 맞으며 기적만을 고대했다. 그러나 그것도 큰 효과 없이 나의 젊은 시절 대부분을 병원에서 뺏어가고, 동봉해 준 한약 가루약이 엄청나게 빠져나간 근육조직을 다행히 회복시켜 주었다.

#줄기세포 연구는 계속된다

이러한 현상은 누구에게나 다 일어날 수 있다. 대부분의 사람은 삶이 어렵다는 뻔한 진리를 깨닫지 못하고 살아간다. 삶이 대수롭지 않다고 생각하고 쉽게 살아가면서 부딪치는 문제들이 얼마나 해결하기 어려웠는지는 인생을 끝까지 살아봐야지만 알 수 있다. 그 예로 '인생 총량제'를 짚어보면 거의 맞아 들어간다.

빛의 영광은 그림자 없이는 존재할 수 없고 인생 총량제 안에서 우리에겐 좋은 것과 나쁜 것을 함께 취할 수밖에 없는 운명이 존재한다. 아무런 일도 일어나지 않는 평화롭기만 한 푸른 초원 같은 인생은 없다. 그래서 양측 부분에서 무너지고 말지는 나를 비롯해 사람들의 선택과 노력 여하에 달려있다.

과거에도 지금도 또 미래를 맞이하면서 나는 내게 처 해진 세상의 것을 원망하지 않을 것이다. 지금까지 파킨슨을 잘 관리하며 감쪽같이 살아왔듯이 하늘의 별과 같은 나의 잃어버린 웃음을 찾아 좋은 운명에 기대어 내가 사랑하는 사람들에게 더 이상의 짐이 되고 싶지 않다.

줄기세포 이식 임상 실험 결과는 또다시 도마 위에 올랐다. 신중한 연구와 거듭되는 안정성을 담보로 줄기세포의 보편성과 대중화가 이루어져야 한다. 따라서 줄기세포 이식에 따른 부작용의 도출도 심도 있게 다뤄야 할 것이다. 뇌에 들어간 신경 전구세포가 도파민을 분비하는 신경세포로 과잉 성장하여 뇌에서 과부하가 일어날 수 있기 때문이다.

이렇듯 줄기세포의 연구는 각 분야에서 다양하게 이루어지고 있는데 무한한 시간이 요구됨을 가히 짐작할 수 있다. 처음 황우석 박사의 연구팀에 줄기세포 분화에 기대를 건 1999년과 결과에 대해 세계가 흥분한 2004년도에도 줄기세포 연구는 진행되었었고, 이미 내가 할머니가 된 지금에도 또 그 이후에도 불치 질환 치료제가 될 줄기세포에 관한 연구는 계속 이어질 것이다.

6. 내게 왠지 재수와 운이…

#그중에 제일이 건강이라

'사랑' 예찬론자는 '사랑하라, 인생에서 좋은 것은 사랑뿐이다'라고 한다. 우리가 알고 있는 노래에 "사랑과 믿음과 소망 중에 그중에 제일이 사랑이라."라는 구절이 있다. 40여 년 전 결혼 축하 엽서에 적힌 이 진리의 문구는 서울에 사시는 시숙모님이 꽃다발과 함께 건네주신 것으로 지금도 장롱 한쪽에 반듯하게 세워져 있다.

이 축하문에는 "사랑은 언제나 오래 참고, 온유하며, 성내지 아니하며 진리와 함께 영원하리"라고 적혀 있고, 또 그 뒷장에는 푸시킨의 시 '삶이 우리를 속일지라도 슬퍼하거나 노하지 말라. 소나기 뒤에는 비가 개이고, 슬픔 뒤에는 기쁨이 온다'라고 또박또박 쓴 글씨는 시숙모님의 진심이 그대로 묻어나 있다.

그때는 내가 결혼했을 때니까 20대 때다. 그때만 해도 사랑을 최고로 꼽았었다. 그리고 그다음이 '현금'이었는데…. 이렇듯 예전에 우리가 가장 중요히 여기는 것은 '사랑'이었지만 요즈음은 '건강'으로 바뀌고, 으뜸이던 자산이 '현금'이었지만 언제인가부터 '지금'으로 바뀌었다.

요즘에는 어느 세대가 다큐로 다루어지던지 건강에 대한 컨셉이 대세다. 건강식품도 셀 수 없이 다양하게 나온다. TV 화면을 봐도 하나 건너 하나는 건강식품, 건강 기구의 광고다. 뇌를 젊게, 뼈를 단단하게, 연골 건강이 관심을 모은다. "지금의 현대사회에 와서 질병이 무조건 변이 또는 다양화되었다기보다는 질병이 발생하는 것을 발견하는 훌륭한 의사들이 많이 증가한 것이 맞다"고 주장하는 학자들도 있다.

사람들은 얼마 전까지는 젊어 있었기 때문에 건강에 대해 직접적인 불편이 없는 이상 생업을 미루고 건강만을 미리 챙기기란 쉽지 않았다. 내가 아는 지인 한 분은 연말에 퇴직하고 다음 해 위내시경을 한 결과 위암 판정을 받고 1년을 넘기지 못하고 돌아가셨다. 평소 생활이 부지런하고 성실한 직장인으로 자신의 건강을 믿고 건강관리를 소홀히 하였을 것으로 생각된다. 우리 시대, 즉 베이비붐 시대에 태어난 역동의 일꾼들은 새벽잠을 깨워가며 달려온 사람들이다. 나는 상위 5%를 좋아하지 않는다. 나는 늘 중간 범위 안에는 들어간다는 여유를 가지고 있었다.

초등학교 시절 학교를 다섯 군데나 옮겨 다녀야 할 때도 나의 성적은 10~30% 범위의 중간 이상은 되었다. 체육 시간에 400m 단거리 계주를 해도 준결승을 위해 한 번 더 뛰어야 했고 미술 시간에 그림을 그려도 내가 그린 수채화는 교실 뒷면

게시판에 압정으로 꽂혀 있었다. 공무원 임용시험에서도 그랬고, 1990년도에 전국 주민등록 전산화 입력 실적 일일 보고 실적도, 최종 입력 실적 통계를 봐도 나는 평균 이상의 좋은 성적이었다.

나는 운이 좋은 사람이라서 노력한 만큼의 성과를 낸다는 자신감으로 나에 대한 가성비를 스스로 높여갔다. 1995년도 도농복합 시·군 통합으로 금릉군 공무원이 그토록 부러웠 했던 김천시 공무원으로 1월 1일부로 합병 편입되었다. 그 무렵 김영삼 대통령 시절 글로벌 시대에 맞추어 일선 공무원들의 눈높이 성장을 위한 해외연수도 참여하게 되었다.

캐나다 토론토 민원실 현장도 배우고, 미국 나이아가라 폭포를 관광 일정에 따라 답사해 보며 나는 환희와 보람을 느꼈다. 나는 이렇게 생각했다. 이러한 경험을 바탕으로 새로운 것으로 도약해 보고자 하는 동기가 있어서, 내가 조금씩 발전해 왔구나. 이런 것들로 인해서 내가 속한 그룹의 일원으로 뒤처지지 않고 공직 생활을 잘하고 있구나. 이렇게 마음을 먹기로 하자, 내 안에서 사기가 오르고 성취감과 함께 나에 대한 자존감과 가치관이 한껏 상승하기에 이르렀다.

그다음 해인 1997년 또 행정 조직개편에 따라서 김천시 본청 근무 전입 시험을 거쳐 호적계에 근무하면서 공무원으로서의 높은 사명감과 긍지를 갖게 됐다. 물론 집에 아이들도 크고 20년 이상 재직한 뒤의 잔여기간을 생각하여 본청 전입 근무를 지원했던 것이다. 내가 결정을 잘한 것인지는 지금도 모르지만, 전입 후 근무지 간의 문화차이로 인해 조금은 힘들었다. 일에 과도하게 열정을 담는다는 등의 나에 대한 비판은 내가 인간관계 스킬이 원활하지 못한 데서 나오는 것이었다. 그 무렵에는 이러저런 잡음을 포함해 질투의 화신이 내 주변을 감도는 느낌이었다.

그 후 공업 단지 관련 중소기업 지원 업무를 보면서, 서무업무도 PC 폴더 만들기부터 새롭게 배워 나가기 시작했다. 그

제87회 전국체육대회 유니폼 디자인 제안(2006).

곳에서도 기업 민원 처리로 인해 잠시도 업무를 게을리할 수는 없었다. 나는 틈틈이 시간을 쪼개고 잠을 줄여가며 업무와 연계해서 열심히 내 업무를 숙지해 나갔다. 또 우리 시의 특산품(포도)으로 블라우스 문양을 디자인한 체육복을 만들어 전국체전 선수 및 관계자들에게 나누어 주자는 제안도 했으나 시기적으로 너무 늦어 보류되기도 했다.

몇 년 후 김천시에서 전국체전이 개최될 때 나의 적극적이고 섬세한 성격은 행사추진에 많은 도움이 되었다. 행사를 합동 운영하는 도청 공무원들의 적극적인 협조도 있었다. 전국체전이 마무리될 즈음에는 늦게까지 남아서 환영선수단 단체 사진을 일일이 시·도 별로 분리하여 체육회와 도교육청에 보내 좋은 반응을 들었고, 그로 인해 보람도 얻었다. 그다음 해 승진의 행운도 안게 되었다.

우리 과에 최 과장님은 나의 승진에 제1의 조력자이셨다. 최 과장님은 들뜬 나를 응원해 주시며 "뭐니 뭐니 해도 지방공무원의 꽃은 6급일 때 활짝 피며 업무의 기량도 가장 성장하는 시기"라며 열심히 하라고 격려해 주셨다. 그 당시 최 과장님께서 보여 주신 역동적인 부서 관리자의 모습은 인상적이었다. 과장님은 무엇이든 능력 있어 보였다.

동사무소 주민 생활 담당 계장으로 보직을 받고 생활 현장을 다니며 노인복지, 장애인복지 분야의 일을 수행하였다. 이

일이야말로 끝없이 광범위함을 실감했다. 사회복지의 확대로 각 읍·면 동사무소에 실내 공간을 활용해서 일찍이 '주민상담실'을 만들어 놓으니, 동료며 선배들이 벤치마킹을 하러 다녀가기도 했다. 또 1년 후에는 경상북도 주관 '중견간부양성반' 교육생 차출에 김천시 교육생으로 선발되어 포괄적인 직무교육을 받으며 잊지 못할 추억을 간직하게 되었다. 이 직무교육의 교육과정은 시간이 흐를수록 흥미진진해서 학습 의욕과 재미를 더했다. 교육 자체가 공무원의 기질을 키우고 역량을 향상하게 하는 마법의 능력이 있어 보였다.

#장단 맞춰 춤을 추다가

장기 교육을 마치고 돌아오니 교육전 내 근무 자리에 다른 담당자가 승진하여 교육 직전 내 자리를 채우고 있었다. 무보직 2개월 후 나는 새 임지인 남면사무소에 발령받았다. 남면은 지금 혁신도시로 개발된 지역이다. 나는 열심히 일했다. 주변의 응원도 나의 열심을 키웠다. 이렇게 나의 직장생활도 자아 성취감으로 꽉 채워져서 신바람 나는 날들이 있어 좋았다.

그러한 응원에 나 죽는 줄 모르고 일에 욕심을 낸 것이 화근이었을까? 나도 모르는 사이 나의 몸에서는 오만이 넘쳐 나오면서 무슨 일이든 다 하고 싶었다. 남면 근무가 좋은 것은 시골이고 인심이 좋아 동네 행정을 마음 편히 운용할 수 있었다. 특히 오봉저수지의 벚꽃길이 좋아 직원들과 함께 스피커를 단 4륜구동의 산불 예방 차량(트럭)을 이용해 관내를 순찰하면 정말 즐거웠었다. 그 무렵 나는 명에 따라 '예술회관 근무'로 자리를 옮기게 되었다.

#건강을 잃으면 모두 잃는다

1년 동안, 공연 문화에 해박하신 박 국장님은 김천시 문화예술회관의 운영에 있어 격려와 지도를 많이 해주셨고 합창단 지휘자 교수님은 어려운 환경임에도 창작 뮤지컬 '사운드 오브뮤직' 공연을 강행하셨지만, 나는 건강상 업무한계가 있어 뜻에 부응해 드리지 못한 점이 죄송스러웠다.

애착이 강하여 지나치게 열심히 살아왔는데 만족한 결과에 이르렀을 때 가슴이 벅찰 때도 많았었는데…. 나는 좋은 위치에서 삶을 주도하며 살고 있다고 믿었었다.

내게 웬 재수와 운이 있어 이 험한 세상을 잘 헤쳐 나가는가 싶더니 인생을 건강을 잃음으로써 나의 입지를 인정할 수밖에 없는 것이다. 건강을 잃었으니 내 인생에 있어 모든 것을 잃은 것이다. 즉, 날개 잃은 가시나무새가 되어 없는 답을 기다리며 대기하고 있다. 운동장 라인을 힘들게 돌면서도 나의 현실이 믿어지지 않는다. 건강과 삶의 자극이 되는 명언 48개 중의 하나로 월튼은 이런 말을 남겼다. "자신의 건강을 돌보라. 건강하거든 신을 찬미하여라. 건강을 훌륭한 양심 다음으로 소중히 하라. 건강은 우리 인간이 가질 수 있는 행복이기 때문이다. 건강은 돈으로도 살 수 없는 최고의행복이다."

7. 엄마의 목소리가 점점 커진다

#할미꽃의 전설

한 번쯤은 '할미꽃의 전설'을 들어본 적이 있지 않을까. 한 카페에 여러 번 올려진 이 전설의 내용은 이러하다.

한 여인이 남편을 일찍 여의고 세 명의 딸을 모진 고생 끝에 남부럽지 않게 키워 그에 어울리는 짝을 맞추어 출가시켰다. 그러나 가는 세월을 막을 수 없듯이 어머니는 늙어 백발이 되고 밥해 먹을 기운조차 없었다. 그리하여 어머니는 자신의 몸을 이끌고 첫째 딸, 둘째 딸네 집에 들렀다. 그러나 두 딸은 엄마를 처음 맞이하는 모습과 달리 며칠이 지나자 대하는 태도가 달라지며 언제 갈 것인가를 채근했다. 어머니는 고심 끝에 셋째 딸네 집으로 가기로 마음먹고 셋째 딸네 집을 향해 눈보라를 헤치며 힘겹게 언덕길을 오르다가 그만 눈 속에 묻혀, 몸이 굳어진 채로 마중 나온 셋째딸에게 발견되었다. 이듬해 봄, 어머니의 무덤 앞에 새싹이 돋아났다. 꽃은 길고, 하얀 꽃술은 축 늘어뜨린 것이 마치 어머니 모습과 흡사해서 '할미꽃'이라고 불렀다고 한다.

이 글을 읽는 동안 가슴 깊이 무언가가 아려오는 것을 느꼈다. 눈앞이 침침해지며 양심의 가책이 느껴져 계속 읽을 수가 없었다. 그리고 어떤 느낌보다 찐해져 속쓰림이 밀려왔다. 그도 그럴 것이 할미꽃의 전설 내용은 우리 사회의 현실적인 모습이 그대로 반영된 바로 우리의 이야기, 바로 너와 나의 이야기였다.

4남매 다 엄마와 오랜 시간 같이 있지 못하는 이유는 뻔하다. 막내가 은퇴 시기인 예순이 넘었으니 제각기 저 살기 위해 운동이나 취미생활에 취해서, 아니면 스스로의 슬럼프에 빠져서 노모의 외로움을 돌볼 여지가 없어 보인다. 할미꽃 전설의 딸들이 곧 우리이고 우리들의 딸들이다. 가정의 달을 맞아 카페에 올려진 할미꽃 이야기는 오늘 더 슬픈 것 같다.

마흔아홉에 혼자되신 엄마는 늙어서 자식에 기대지 않겠다는 신념으로 경제적으로 철두철미하셨다. 젊어서는 남편의 박봉으로 식구 많은 생활이 어려워 보따리를 머리에 이고 시골로 다니며 장사도 해 봤다는 얘기를 들은 적도 있고, 팔다가 남은 빨간 원피스도 내가 입은 기억이 난다. 나는 문득 '안되면 안부 전화라도 자주 드리자'라고 궁색한 결심을 하고 집으로 돌아왔다.

#엄마의 보청기

엄마도 이제 나이가 구순인 노인이다. 힘이 없다면서도 날이 갈수록 목소리가 자꾸 커진다. 물론 안방의 TV 소리는 점점 커지며 어제보다 볼륨이 더 올라간다. 엄마는 지난번 코로나 유행 이후로 길을 가는 사람들도 적어지고, 세상 사는 재미가 덜하다는 말씀을 자주 하신다. 당신의 느낌으로 세상인심이 각박하게 느껴지다 보니 어딘가 허전하고 인생무상을 느끼시는가 쓸쓸해 보인다.

얼마 전에는 오른쪽 귀가 잘 안 들린다면서 "보청기를 해야 할 것 같다"는 말씀을 어렵게 하셨다. 장수시대, 아니 이제 백세 넘도록 사는 노령사회가 왔다며 많은 분들이 노익장을 과시하지만, 이목구비의 보장 기간은 안타깝게도 다른 기관만큼 따라가지 못함이 아쉽다. 허둥지둥 엄마를 모시고 이비인후과에 가서 정밀 검사를 받은 결과 엄마의 귀는 보청기를 착용해야만 되는 급한 경계 단계에 있었다. 그러나 한쪽 귀가 조금 밝아서 정부 지원 대상에서는 제외된다고 한다. 진료카드에 의하면 약 1년 전에 친구분들과 같이 오셔서 검진을 받은 내역이 있었다.

그러나 엄마는 다른 보청기 매장에 가자고 내 손을 끌었다. 제일로 알려진 보청기 매장은 2층에 있어 오르내리기가 힘드니 1층에 보청기 매장이 있는 평화동으로 가자고 하셨다. 알고 보니 가격이 평화동 매장의 보청기가 조금 더 저렴하다는 것이 이유였다.

또 엄마는 전화할 때 주변이 시끄럽거나 통화 상태가 좋지 않으면 먼저 서둘러 끊어 버리신다. 이유를 이제야 알았다. 엄마는 오래전부터 청력이 약해있음을 느끼고 계셨던 것이다. 엄마는 보청기 착용을 처음에는 주저하셨다. 우선 가격이 비싸고, 평소 귀에 무언가를 장착한다는 데에 대한 부끄러움이랄까 하는 거부감을 갖고 계셨다. 처음 엄마가 보청기를 사용하신 날도 보청기를 한 당신의 모습을 낯설어하며 맞춘 보청기를 자꾸 감추셨다.

그러나 얼마 지나지 않아 자식들과의 대화가 훨씬 쉬워졌고, 일상생활에서 겪었던 불편함이 많이 줄었다고 하셨다. 보청기를 수시로 충전해야 하는 불편함을 복잡한 절차라며 마음에 들지 않는다는 표정을 지으셨다. 때문에 자주 화장대에 생각 없이 벗어 놓는단다. 지난 설 명절이라 찾아온 자식들이 하는 얘기들을 빠짐없이 들으시고 같이 웃고 같이 울곤 하셨다. 특히 손주들의 이야기가 나오면 얼른 보청기를 귀에 갖다 꼽으신다. "뭐? 대학을 의과대학 갔다고?" TV 시청도 즐겁게, 외출할 때도 안전하게 다닐 수 있어 엄마는 마음 자체가 즐거워지신 것 같았다.

"다른 집 딸들은 엄마를 가까이에서 정성껏 보살펴 드리고 필요한 것들을 다 사서 들고 오는 것을 보면 부럽다"고 평소에 벼르셨는지 어느 날인가 말씀하셨다. 엄마의 진정 어린 말씀에 많은 것들이 생각났다. 다음날 나는 엄마를 위한 반찬을 만들기 시작했다. 김치도 담고 빵도 조금 사고 수육도 삶아 통에 담아서 한 보따리 들고 엄마가 혼자 사시는 아파트로 향했다.

가지고 간 음식으로 저녁을 먹고 나자, 엄마는 노인 유모차를 끌고서 아파트 주변을 한 바퀴 돌자고 하신다. 밤바람이 시원스럽게 불어와 기분이 좋아지셨는지 엄마의 신바람 나는 목소리가 점점 커져서 일찍 자는 사람들의 초저녁 잠을 다 깨우고 말았다.

기분이 더 좋아지신 엄마는 나에게 생전 처음으로 "아파트 주변을 돌아 온몸이 땀으로 흠뻑 젖었으니 샤워할 때 도와달라"고 하셨다. 나는 타올에 거품을 흠뻑 내어 시원하게 온몸을 문지르며 마사지도 해드렸다. 샴푸도 거품 많은 것으로 싹싹 비볐다가 헹구어 냈다.

8. 부정맥을 아시나요

#나는 화쟁이였다

우리는 사랑하는 사람에게 언제나 공평하며 자애롭고 귀하게 대할 필요가 있다. 그러면 내가 할 수 있는 한계 안에서 긍정적인 시각으로 상대를 인정해 줌으로써 신뢰가 쌓이고 더 나아가 두툼한 우정과 사랑이 만들어 짐은 모두 인정할 수 있는 사실이다. 인생은 길지 않다. 우리는 각자 이 행로를 함께 가는 사람들의 마음을 행복하게 만들어 줄 의무가 있다. 함께 가는 시간이 많지 않다. 인생의 편도 행로를 가는 사람들은 이 빠른 세월에 지난 과거로 돌아가서 반성 다음 뉘우침, 그리고 후회와 용서의 단계까지 가기란 시간이 별로 없다는 것이다.

왜 그렇게 상대에게 화가 났었는지 그리고 열을 올렸는지 생각하면 시원함과 개운함도 있었겠지만, 만병의 근원이 화와 스트레스가 되어 치명적인 병으로 이어진다고 한다. "만약 그대가 노(怒)하였을 땐 열을 세고, 참을 수 없을 정도로 노(怒)했을 때는 백을 세라"는 파스칼의 말이 있다. 한여름은 으레 더운 것이다. 이때 덥다고 성화를 내봤자 결코 더위는 피할 수 없는 것이다. 그보다 덥다고 성화하는 마음을 앉히면 몸은 편하고 더위도 덜할 것이다. 이같이 세상만사가 마음먹기에 따라서 화를 면할 수 있다는 말이다.

이렇게 말하고 있는 나 자신도 화를 참지 못하고 한없이 건방진 태도로 오늘 살고 말 사람처럼 한바탕 화풀이를 한 적이 있다. 그때 나는 면사무소에서 근무하면서 마을 상수도 업무를 담당했었다. 마을 상수도 업무는 마을 산꼭대기에 있는 물탱크를 정기적으로 점검하는 식수 안전 검사제도가 있었다. 먹는 물을 시료로 제출하여 식용 적정 여부 검사도 거쳐야 하는데 강수량이 적어 가문 해에는 단수로 인해 시청에 관수 개설 신청이 많이 들어온다. 식수하면 우리네의 생명과도 직결되므로 공사 시작에서 완공까지 신경이 많이 쓰이는 분야였다.

나의 분담 마을 이장님은 전날까지 폭우가 내려 새로 개공한 상수도 시설의 빗면이 비스듬히 깎여 내려가 걱정이 되어 시청에 한번 가 보려고 들렸다며 나를 찾았다. 내 분담 마을 이장님은 면장실에서 현황을 간단히 설명하고 서둘러 시청을 향해 오토바이를 타고 달리셨다. 나는 오토바이를 뒤로한 채 내 차로 시설 현장을 행해 가면서 '마을 상수도 업무는 정말 어렵다'고 생각했다.

오봉리 도로변에서 50여 미터쯤에 빗면을 보이는 상수도 시설이 눈에 들어왔다. 시설 주변으로 폭우에 쓸린 부분에 축대를 쌓든지 어쨌든 보완 작업은 해야만 할 것 같았다. '토사 유실 원인은 폭우로 인한 것이며 꼭 재난안전사고 예방을 위해 빠른 조치를 요청한다'며 담당자인 내가 서명하고 팩스를 이용해 수도과로 급하게 보냈다.

그러자 부면장 책상 위 전화에서 벨이 울리고 한참 얘기 끝에 전화선은 내 책상으로 이어지고 거친 목소리가 들려왔다. "사진까지 첨부된 현장의 상황은 알겠는데 왜 요즈음 민감한 언어 중 '재난안전사고'라는 단어를 썼느냐"며 "그만한 현상으로는 보수 대상이 안 된다"며 딱 잘라 말하며 전화를 끊었다. 시의 담당자가 저 정도로 화를 내고 면사무소에서 직접 응대하는 직원들을 경시하는 태도가 무척 불쾌감을 주었다.

나는 그 순간을 참지 못하고 시청 상수도과 사무실로 씩씩거리며 찾아갔다. 다행히 담당자는 자리에 있지 않았다. 천만다행으로 한고비는 넘긴 것 같았다. 온순한 성격을 갖지 못한 나는 급하게 해결해야만 할 과제가 떨어지면 마음이 초조해지면서 심장 박동이 빨라짐을 간간이 느끼곤 했다. 대부분 그러하지 않은가. 오늘과 같은 현상이 스트레스로, 지나간 많은 것들이 평소 운동 부족으로 오는 갱년기 고유의 부작용들로만 생각했었다.

나는 그날 저녁부터 집 뒤 바로 있는 김천여중의 800m 운동장 돌기부터 걷기 시작했고, 그다음 날부터는 뛰기 시작했다. 마냥 내가 젊은 양 힘을 모아 뛴 결과 그다음 날 종합병원 응급실을 찾아야 했고 한동안 순환기내과의 치료를 받았다.

이렇듯 화와 스트레스와 질병은 아주 긴밀한 연관성을 지닌다. 지금 와서 생각하면 그 많은 화를 절제할 줄 모르고 늘 빨리 가려고만 한 데에서 비롯되었음을 알게 되었다.

우리 몸의 맥박의 정상 범위는 1분에 60~100회 뛰는 것이라고 한다. 그러나 맥박수가 정상이라 하더라도 리듬이 불규칙한 것을 부정맥이라 하며, 부정맥에는 심장을 부르르 떠는 심방세동의 증상도 있었다. 심방세동은 강한 유전성을 띠며 당뇨, 고혈압, 협심증, 심근경색의 선행사인이 될 수 있으며 돌연사의 90%를 차지한다고 한다.

조금이라도 그러한 증상이 있었다면 1차적으로 심전도 검사를 받아 결과에 따라 24시간, 1~2주일, 길게는 1년 동안 심전도를 기록하며 관리할 필요가 있다고 한다. 맥박이 빠른 환자에게는 '심실제세동기'를, 맥박이 느린 환자에게는 '심박조율기'를 이식하는 방법을 이용한다고 한다. 또한 시술 치료법으로 고주파를 없애 버리는 방법과 약물치료와 수술 등으로 의사의 치료 경험이 80~90% 완치율을 좌우한다고 하니 '의사도 잘 만나야 한다'는 설이 맞다.

또한 부정맥을 방치하면 심부전증으로 발전할 수도 있고 뇌졸증 위험 또한 그만큼 높아진다고 한다. 치매 발병률도 배로 증가된다고 하며, 심부전증을 방치하면 심장을 짜내는 기능이 약해지는 만큼 돌연사의 위험이 커져 갑자기 사망하는 가능성이 크다고 한다. 따라서 심방세동 환자는 뇌경색뿐만 아니라 치매를 예방하기 위해서 아스피린 등 항응고 치료제를 같이 처방한다고 한다.

#화와 스트레스는 생활 습관

이렇듯 우리가 살아가는 일상생활을 통해 얻어지는 스트레스와 화는 각자 스스로 만들어 나가는 생활 습관이다. 긍정적인 마인드로 마음을 비우고 여유를 갖는다면 본인 자신도 일상이 평화로울 것은 자명한 사실이다. 통화 사례에서도 알 수 있듯이 상대방의 전화 목소리가 부드럽고 친절하다면 당연히 나의 목소리도 부드럽게 대답한다. 전화를 받는 사람은 전화를 걸어온 상대방의 태도에 따라 반응하기 마련이다.

매사에 급한 것은 스스로조차 믿지 못하는 것을 보여 준다. 마음 편하게 살자. '될 대로 되라'고…. 그다음은 마음이 차분히 가라앉을 것이고 다른 사람들에게도 편안하게 대할 수 있을 것이다. 하는 것 없이 바쁘게 보낸 탓에 웃음마저 잊어버렸는지도 모른다. 웃는다는 사실만으로 그만이 갖는 마음의 평화를 보여 주고 자신감을 나타내기도 한다. 평소 사용 언어로 '그럴 수도 있지'를 상용화하면 어떨지.

9. 하루 다섯 번 울리는 알람 시계

#뜻밖의 진단

　세상을 살다 보면 예기치 않은 일이 다가올 때가 있다. 내가 과연 쉰셋이 되기까지 듣도 보도 못한 병에 걸릴 줄이야. 하필이면 빼도 박도 못할 처지에 처해 50세 이후에 하고 싶었던 그 많은 것들을 할 수 없으니 말이다. 그와 같은 불행을 안고 살아가야 한다는 것을 상상할 수 있었겠는가! 나의 미래를 미리 알았더라면 나의 젊은 날을 그렇게 넘치도록 당당하게 보내지는 않았을 것이다.

　몇 달 전, 심방세동 증세가 있어 순환기 내과에서 초진 진단서를 가지고 경북대학병원 순환기 내과에 간 적 있다. 부하 운동 측정, 심장의 크기 변화 등 세부 검사 결과 '이상 없음'으로 나왔다. 혹여나 모르니 신경과로 가 보라는 안내를 받았다. 가끔 오른손이 떨리는 증상이 나타났지만, 이해가 가지 않았다. '왜 손이 떨릴까? 술도 안 먹는데'라고 생각하며 나는 현 사실을 부정하고 있었다.

　여기 대학 종합병원까지 오게 된 것도 심방세동 증세로 입원했을 때 병문안을 왔던 여고 때 친구의 진심 어린 권유 덕분이었다. 그때는 듣기 언짢았다. 결론적으로, 그 대학교수님은 나에게 '파킨슨 증후군'이라는 믿지 못할 병명을 내 진단 결과라며 '증후군'을 넣어 진단을 내렸다. 나는 아무도 믿을 수가 없었다. 모두 다 파킨슨병이 뭔지도 모르는 사람들처럼 보였다.

정맥주사를 놓는 간호사의 굵은 주사도 그녀가 잘못 꼽아 그만큼 아프다고 생각하였다. 바늘이 굵어도 너무 굵었고 간호사도 너무 거칠게 정맥주사를 꼽아 나를 깜짝 놀라게 했다. 모두가 거꾸로 돌아가게 된 것 같았다. "내가 파킨슨이라고? 나는 즐겁게 그리고 열심히 살아왔는데." 발병 당시 내가 왜 그런 병에 걸렸는지 이해할 수가 없었고 몇 년 동안 세상 보기가 싫었다.

그 이후 그러한 비보들을 믿지 않으려고 발버둥 치던 시절도 세월이 흘러 벌써 14년이 지났다. 미리 당겨 퇴직한 지도 올여름 10년을 넘긴다. 이제 내가 자주 먹는 파킨슨 약의 약효 시간은 3시간도 채 되지 않는다. 복용 전후 1시간씩은 근육의 통증과 행동이 경직되어 고통스러움을 더한다. 기운이 떨어지고 자율신경계가 깨져 숨이 가빠지며 불안해지기 시작한다. 이제 증세가 더 진행되어 나도 모르는 사이에 등을 움찔움찔하며 이상 운동까지 해 주위 사람을 당황케 하기도 한다. 등을 가만히 두지 못한다. 통증이 나타날 때면 이제 그만 고통에서 해방되고 싶다는 생각으로 가득 차서 우울감이 땅 아래로 내려앉는다.

앞으로 일상생활을 하면서 사고나 인지 능력이 더 감퇴 되어 가족들의 정서와 시간과 에너지를 빼앗게 된다면 곧 가족들은 지쳐서 나를 귀찮게 여길 것이다. 무기력의 늪에 빠져 허우적거려도, '어차피 미래도 없는 것'이라며 자포자기해도, 세월은 나를 위해 뒤돌아보지 않고 계속 흘러만 갈 것이다.

아침에 일어나면 '또 오늘은 하루를 어떻게 지내야 하나. 아니 또 어떻게 버텨야 하나' 하는 한숨이 깊은 곳에서 터져 나온다. 감당하기 어려워 자주 집에 오지 않을 가족과 하루 종일 밭에서 농사일만 하고 깜깜해져야 집에 들어오는 남편도 나는 이해한다. 사랑하는 가족들의 마음을 이해하면서도 서운한 것은 사실 그들에게 미안한 마음에서다.

#약효 시간이 짧아진다

벨이 울릴 땐 긴장이 되면서도 어느새 저편이 되어 있는 뻐꾸기시계의 울림도 피곤한 나를 위로하고 있는 듯한 자세로 약 먹으라고 설득하는 양 소리가 점점 커진다. 매시간 레보도파의 약효 시간을 이용해서 일상생활을 해 나간다는 것이 다행일 수 있다. 평소에도 스스로 움직이는 그 자체가 싫어지는 단계에 와 있는 것 같다. 이런 모습을 가까이에서 매일 보아온 남편의 마음은 어떻고, 우리 애들의 마음은 어떠하겠는가.

그러나 나는 가뜩이나 좋지도 않은 인상을 쓰며 신경질적으로 고통이 점점 수그러드는 시간을 기다린다. 그리고 지금까지 그런 틈새 시간을 이용해서 내가 할 수 있는 일들을 해왔다. 밥도 짓고, 운동도 하고, 마트에 장 보러도 가고, 청소도 그럭저럭 해왔다. 그렇게 내게 주어진 시간을 아껴서 쓰려고 해도 쓸 수 있는 시간이 얼마 되지 않는다. 어쩌다 미래의 내 모습을 그려보면 두렵기도 하고 암울해지기도 해서 가급적 일을 재촉한다.

지금 시각이 낮 11시 정각. 스마트폰 시계가 경쾌한 음악으로 알람을 울린다. "아직도 자고 있니(Are you sleeping)"를 반복하며 나의 약 먹는 시간을 마치 뻐꾸기시계처럼 알려준다. 네 시간마다 알리는 알람 소리는 야간 한 번에 한 해 참아준다. 하루 중 마지막 밤 11시에서 아침 7시가 될 때까지 8시간 동안의 취침 중에는 통증이 와도 참아야 한다. 약 복용 시간을 당겨버리면 다음 투약 시간도 조정해야 하니까 말이다.

언제부터인가 '바쁘다'는 말을 입에 달고 사는 사람을 보면 안타깝다. 잠시 멈춤을 스스로에게 허락해야 한다. 왜 내가 내 건강을 지키지 못해 많은 것들을 정지한 채 우울한 기운을 뿜어대는지 "내가 건강치 못해 가족들에게도 지장이 간다면 그들의 생활을 책임질 의무가 있다"는 프랭클린 말에 나는 다시 한번 자극을 받는다.

"'가족은 눈물로 걷는 인생의 길목에서 가장 오래, 가장 멀리까지 배웅해 주는 사람이다'라는 말도 있지만, 나는 나의 안위를 위해 가족들이 힘들어 보이는 것은 원치 않는다. 차라리 시간 맞춰 울리는 나의 알람 시계가 '언제 일어날 거니' 하고 물어오면 나는 나의 스마트 시계를 믿고, 서슴지 않고 일어나서 시간 맞춰 약을 먹으리라."《내가 오늘 사는 게 재미있는 이유》(김혜남 지음) 중에서.

제3부

아름다운 추억과 이제야 보이는 것들

1. 첫 발령지에서 생긴 일
―

#수습 기간 중 결혼한 수습생

 1983년 가을, 공무원 임용발령 이전 단계인 수습 기간 5개월 통지가 우편으로 도착 되었다. 겨울이었는데도 군청 농산과는 당시 나라 산업이 주로 농업 위주이고 보니 눈 돌릴 여유 없이 바빴다. 통일벼 출현의 여파로 논에 물 가두기 실적 관리부터, 수도작의 백엽고병의 전염 면적 조사 등 쌓이는 업무로 선배 공무원들은 야근을 자주 했다. 나도 하루 종일 타자기 앞에 앉아 타이핑을 치다가 또 전화를 받아 가며 전통(전언통신문)까지 불러 줘야 했는데, 나의 말소리가 충청도 억양인 까닭에 전화 소통이 잘 안돼 어려움이 있었다.

 매일 바쁘게 지내면서도 다행이라 생각한 것은 임용 대기 기간 중 연습해 놓은 타이프 기능이 업무에 많은 도움이 되었다는 것이다. 수습 기간은 신규임용 후보자 교육을 빼면 얼마 되지 않는 기간이라는 생각이 들지만, 바쁜 일정의 연속이었던 본청에서의 수습 근무 중 내겐 많은 일이 있었다. 또한 내게 '할 수 있겠다'는 자신감을 가져다준 시간이었다.

 일선 행정관서 면사무소 발령을 받아 근무하면서 나의 직속상관인 계장님과의 불협화음으로 헛된 시간 들을 보낸 것이 후회스럽다. 지금 생각하면 원인은 대부분 나에게 있었다는 것을 뒤늦게 알았다. 초임에 무엇이 잘못인지조차 모르는 채 윗사람의 채근에만 서운해하며 조직사회의 성격과 인간관계의 테크닉에도 깜깜했다.

지금은 내가 그 나이가 들어 계장님의 시대적 환경에 견주어 조금은 이해할 수 있을 것 같지만, 옛날에 당신이 근무하던 시절 면장님의 발을 씻어준 이야기 등은 늘 마음속으로 듣기가 거북했다.

군청에서의 수습 시절 이야기다. 합격자 발표 이후, 오랫동안 늦어지는 임용후보자 발령을 기다리면서 아버지는 갑자기 딸의 결혼을 서두르셨다. 사회에 첫발을 딛는 딸의 입장은 생각지 않고, 얼마나 곤란한 상황인지 아시는지 모르시는지 시보 기간에 있는 딸을 기어이 서둘러 시집 보내기로 결정한 것이다. 그리고는 사위 될 사람을 통해 양갓집 상견례를 재촉하셨다.

결혼 후 얼마 안 있어 시보 기간이 끝나 새로운 임지로 발령받았고 주변의 선배들이나 동료들은 무엇이 그렇게 바빴냐는 듯한 분위기였고 나는 이해를 돕기 위해 반복 설명했던 것이 부끄러움과 함께 기억된다.

#불협화음은 내 탓입니다

그러한 나의 첫 발령지에서 시련을 겪게 된 이유는 또 있었다. 그 자리는 업무 담당자가 6개월 전에 타지역으로 전출 가면서 공석이 되었다. 오래 기다린 대가로 인사담당자의 약속으로 젊은 남직원이 후임으로 오기만을 기다렸다는 것이다. 인간사회에서 친구도 직장 상사도 상대적인 것이다. 계장님의 입장도 이해가 된다. 배정받은 신입직원이 신규 발령이라서 모두 다 가르쳐야 할 처지이니 얼마나 속을 태우셨을까.

 1년 정도 지나자 나는 직장 내 쌓이는 업무와 과로 등으로 심신이 나약해 질대로 나약해졌다. 직속상관 계장님은 남자이신데도 소리 없이 보란 듯 눈을 위로 떠서 나를 향해 흘기고 계실 때가 많았다. 그분만의 버릇이었다. 안경알이 크지 않은 검은색 테 안경 쓴 모습은 만만치 않게 직장 내의 불편함으로 표출되어 나의 마음을 불편하게 했다.

 그렇게 첫 발령지 면사무소에서 어렵게 근무하던 어느 날, 계장님은 근무 시간 30분 전의 출근은 늦다며 나에게 또 한바탕의 잔소리와 호통으로 나의 인내심을 부채질했다. 그분과의 동행이 계속 이렇게 악순환으로 이어진다면 과연 '나는 이 힘겨운 직장생활을 계속할 수 있을까' 하고 깊은 고민에 빠진 적도 있었다.

 정직함을 주장하며 내가 가지고 있는 부족한 사회성을 탓해보기도 하고 또 인간관계의 기술이 맘에 없는 아부성 행동임을 단정 지으며 나는 계장님의 무리한 요구를 수용할 수 없었다. 출근 시 계장님의 요구하는 시간에 맞춘다면 집에서 1시간 이상 일찍 나와야 했다. 시골 교통 상황이 남직원들은 주로 125cc 오토바이로 출퇴근하고 간혹 자가용이 한두 대 있을 때였으니까.

읍·면사무소마다 읍·면장을 보좌하는 까만 지프차는 항상 출장을 대기하고 봄철 산불 철이 되면 하루 종일 외근근무로 소위 1호차 기사는 위상이 올라가는 듯 말 그대로 끝발이 있었다. 업무편람을 집에 가지고 가서 읽었지만, 행정용어며 처리 절차가 그땐 꽤 어렵게 다가왔었다.

#비밀업무의 보안 교육은 필수

어느 날 분기마다 열리는 업무 담당자 회의 소집 통지 공문이 도착 되었다. 3개월 간 주민등록증을 발급한 후 반납받아 모아놓은 구 증을 펀치로 뚫은 후 검정 철근으로 4개 구멍을 뚫어 단단히 묶은 다음 명부와 함께 군청에 내면 끝나는 시스템으로서 알고 나면 하나도 어렵지 않았다. 그러나 나는 봄철 영농자금의 농협에 대출 신청을 위한 민원이 많아 주민등록증을 집게로 집은 채 허겁지겁 주민등록 담당자 회의에 참가했다. 바쁜 마음에 업무 가방이 쓰러지면서 폐기 대상 주민등록증 일부가 가방 밖으로 쏟아져 나오는 바람에 군청 담당자로부터 보안 교육을 톡톡히 받았다.

그렇게 1/4분기 주민등록증 폐기 관련 회의는 경력 있는 읍면동 담당자들의 여유 있는 참관하에 못 들은 척하였고 나는 더웠다 추웠다가를 반복하더니 감기몸살로 다음날 출근하지 못했다. 세월도 답답한 내 마음을 아는지 빨리빨리 가 주었다.

2/4분기 회의에 참석한 나에게 깜짝 놀라는 일이 있었다. 고등학교 1, 2학년 때 운동장 조회나 교련 행군 시간에 같이 발을 맞추던 친구가 두 명이나 이 회의실에 있는 것이 아닌가. 지난 분기 때는 보이지 않던 친구들이다. 반가운 마음에 지난 분기 때 실수로 창피함을 뒤로 한 채 이것저것 물어보며 눈을 맞추자 당연히 나를 알아보고 반갑게 웃었다.

반듯한 단발머리의 인숙이, 성만 다른 내 조카 이름과 같은 경옥이, 서울에 부동산을 가지고 있다는 정숙이, 포항이 시집이라는 갑숙이, 구성이 고향인 순영이 그리고 향상 내 옆에 있으면서 곧바른 조언과 위로를 아끼지 않는 경화. 경화는 학창시절이나 지금이나 보기보다 참 과묵한 친구로 변함이 없다. 내 고2 때 옆 책상에 앉았던 짝꿍 경화는 결과를 주장하며 우기는 것도 옛날과 똑같았다.

잊혀지지도 않는다. 나무의 독립어가 나모, 주격이 남간, 목적격이 남글을 주장하며 국어참고서 '하이라**'를 들이댈 때면 우린 손들고 패배를 외치며 교실 문밖 복도로 쫓겨나야 했다. 아무튼 나는 빽이 생겨 걔네들이 반가웠고 좋았다. 걔네들 중 한 명은 일찍 결혼하여 이미 돌박이 아들이 있다고 했다. 그애들은 어느 정도 공직문화에 갓 절여진, 그래서 일 흡수력이 좋은 베테랑들이었다. 그 이후도 30년 넘게 같은 지방자치단체 안에서 몇 안 되는 동기 친구들로 서로 따뜻함을 가지고 참 잘 지냈는데…. 몇 명은 퇴직 후에 영 소식이 없다.

나는 그 친구들과는 경력 차이가 꽤 났으며 비록 첫 발령 후 처음 다루는 난해한 문제나 법령에 유권해석이 필요한 문제가 생기면 그녀들과 상의하여 많은 것을 배우게 되었다. 경옥이는 나보고 너무 앞서는 '난체쟁이'라고 했지만, 보고 싶다. 처음부터 배우면서 하는 업무도 어려웠지만, 나는 틈틈이 계장님이 제일 난감하게 여기고 고민하는 '호적 타자화' 사업에 관심을 갖고, 늦도록 타자도 쳐 드렸다. 기계문명에 주눅든 영감님 직원들은 타자 치는 빠른 손놀림에 나보고 천재라고 하였다.

그 덕에 계장님의 신임을 얻게 됨은 물론, 그곳 한자리에서 10년 동안 장기근속으로 인해 나도 각 마을의 현황과 주민들의 성향까지 꿰뚫게 되는 베테랑이 되어가고 있었다. 그러한 20대 초반의 처녀들이 60대 후반 나이에 접어들고 있으니 세월 빠름을 오늘도 실감하며 산다.

비교적 다른 가정과 달리 집안 분위기가 급행으로 냉각되고 온유가 부족한 우리 아버지 수하에 있는 우리 형제자매들은 사회적 인간관계가 비교적 탄력적이지 못했다. 같은 환경에서도 인간관계의 있어서는 사람 다루는 자기만의 비책을 갖고 있다. 모든 인간은 자기만의 자질을 가지고 태어났다. 심리학자인 알버트 에드워드 위컴은 "성격이란 결국 다른 사람을 즐겁게 하고 다른 사람에게 봉사하는 능력"이라고 말했다. 그만큼 나보다는 다른 사람을 우선하는 배려 정신이 필요했음을 첫 발령지에선 까마득히 몰랐다.

2. 성당의 종소리

#스스로 찾아간 성당 공소

내가 오늘날까지 살아오는 데는 가톨릭 신앙의 힘이 컸다. 매주 수요일이면 저녁 미사 후 성모님을 찾아 성모 마리아의 사업에 동참하기 위해 레지오실로 간다. 그리고 묵주기도를 받치며 성모님과 교회의 사업에 도움이 되도록 협조한다. 이러한 단체를 가톨릭에서는 '레지오 마리애'라 한다. 여기서 나는 이 책을 읽는 이가 가톨릭 신자이길 기대하면서 나의 신앙에 대해 '고해'하려 한다.

오래전에 나의 삶의 무게가 내 힘으로 감당키 어려울 정도로 힘들었을 때, 결국 나 스스로 찾아간 평화성당. 아천공소 앞마당에서 성모님과 한 약속, 성모님을 통하여 예수그리스도와 함께 기도하며 살겠다는 다짐은 두 아이를 키우며 아침 출근을 정류장까지 와서 시골 버스로 환승을 해야만 하는 소위 워킹맘인 나로서는 주일을 지키는 것이 시간적으로나 체력적으로 무리가 따랐다.

아이들 유아 세례 후 주일이면 아이들을 하나씩 업고, 남편과 같이 성당의 십자가를 향하여 오르막길을 올라갔다. 목적지에 도착한 우리의 몸은 이미 땀으로 뒤범벅이 되어있었다.

신발을 벗고 성전 안에 들어서면 신부님의 강론 말씀은 왜 그렇게 길고, 어렵게 들려오던지. 그러다 보니 빠진 주일이 더 많은 것 같은 나의 젊은 날의 신앙생활은 엉성하기 그지없었다. 그러나 미사 시간은 긴박한 나의 인생에 유일한 버팀목이 되어 준 은총의 시간이었음은 분명하다.

#딸의 첫 영성체를 기회로 레지오 활동

그러나 두꺼운 성경 말씀이 오랜 시간이 지나도록 쉽게 들려오지 않을 때인 1997년 여름, 둘째인 딸아이의 초등학교 3학년 첫영성체를 준비하는 6개월이 내겐 참 의미가 깊었다. 첫 영성체반 어린이 교리와 부모 교리를 같은 기간에 하였는데 어머니 교리반은 낮과 밤 반으로 운영되었다. 아이들의 영세식 날짜가 다가오자 당시 소화 테레사 수녀님의 지도와 권유로 성모님의 직속 단체인 '사랑하올 어머니' 레지오를 결성하게 되었다. 그때의 설렘은 지금도 생각난다.

사람들 앞에서 별로 책을 읽어본 경험도 없는 나는 더듬거리며 성경책을 읽어 내려갔다. 그것이 우리 '사랑하올 어머니' 레지오를 창단하게 된 오랜 역사의 시작이었다. 공교롭게 엄마들 4명이 같은 나이로 초대 단장은 황금동 성당 소속 이수영 로사 자매님을 초빙해 왔다. 레지오 경험이 없는 우리 '사랑하올 어머니' 레지오단의 각종 운영 방법 등 지도 차원에서

영입해 온 것이다. 그녀 역시 어머니의 군사답게 쉽사리 수락하여 카리스마를 내뿜으며 레지오의 규모를 키워나갔다.

그렇게 27년 전부터 성령의 뜻으로 맺어진 단원들은 남달리 근면 성실하고 배려 깊은 직장 여성들이었다. 낮에는 직장에서 일을 하고, 밤에는 레지오 회합으로 신을 다지는 교사, 공무원, 복지사 등 우리 지역사회를 선도하는 역량 있는 일꾼들로 처음에는 단장을 포함 4명의 엄마이면서 부모 교리 이수자로 구성되었다.

10년이 지나 레지오 창립 500회를 맞을 무렵 그 감격이 생각난다. 박 비비안나 자매님으로 바로 내 앞 전 단장을 하셨는데 님의 조용하고 자상한 리더십 또한 생각하면 기분이 좋다. 내가 갖지 못한 많은 것을 갖추신 분, 겸손은 물론 아름다운 긍정 마인드까지 내 마음을 사로잡으신 분으로 박 비비안나 자매님은 전직 부부 교사였다. 은퇴 후 우리 보통 사람들의 로망이었던 넓은 잔디밭 마당이 있는 집에 살고 계신다.

두 분 다 젊어서는 교단에서 훌륭한 인재를 배출해 내시고 은퇴 이후 넓은 밭에 잔디를 심어 정원을 가꾸며 전원생활의 꿈을 실현한 시니어 부부이다. 정원의 잔디 하나하나도 박 단장님이 주기적으로 밟아주고 깎아 더 튼튼하고 사랑스럽게 자라 마치 이곳이 천국 바로 아래 동네가 아닌가 하고 나는 몇 번이고 착각할 때도 있었다. 레지오 기도문에도 있듯이 이 세상 끝까지 신앙생활을 동행할 수 있다면 외롭지도 않고 얼마나 행복할까.

잘 가꾸어진 잔디마당 가에는 우리가 좋아하는 야생화들이 자라고 있어 한 번씩 가면 우리들은 모두 행복하여 감탄했고, 우리는 그곳을 가본 지 얼마 되지 않았음에도 그 정원을 가보고 싶어 했다. 나보다 그분들은 10년쯤 연배이셨고 이 부부도 은퇴 직후에는 탁구를 아주 재미있게 치신 것으로 기억하는데 나는 탁구가 그토록 경쾌한 운동이란 것을 그때는 몰랐었다. 주택 본채 뒤에는 이 부부의 전용 탁구장도 있었던 것으로 기억한다.

또 마당의 잔디 끝자락에는 자그마한 연못이 있었는데 거기엔 커다란 잉어들이 빨갛고 노랗게 색을 띠며 살고 있었다. 크고 작은 다육식물도 한 귀퉁이를 차지하고 있으니 내가 좋아하는 것들은 거기에 다 있었다. 우리 나이 30~40대에 시작한 '사랑하올 어머니' 레지오의 막내 단원인 클라우디아 자매님의 나이도 이제 60대에 접어들어 교사 정년퇴직 2년을 남겨놓고 있다.

다행히 나를 제외한 전 단원이 아직 건강해서 특별한 행사 때가 되면 활기가 넘치는 것도 좋은 점 중의 하나이다. 그만큼 약자가 되어있는 나에 대한 배려가 크다는 것이다. 이렇듯 단원 모두 할머니가 되어 저녁 회합에 힘들 수도 있음에도 출석

률도 좋은 편이다. 나는 딱 중간 연령으로 우리 레지오 팀들이 참 좋다. 그래서 혼자 기분이 업되어 있는 날에도 썰렁한 가운데 위트를 날려 눈치 없게 더 썰렁하게 만든 적도 있다. 나 본인이 알지 못한 오만의 태도도 보나 마나 꽤 있었을 것이 틀림없으나 모두 다 참아주었을 것이다.

#모든 회원이 간부

현재 활동하는 단원들은 최근 입단한 단원을 제외하고는 모두 간부 역할도 한 번씩 해본 경험이 있다. '순명'하라는 진리를 모두 순응하며 20년이 넘게 세월을 같이하며 신의를 다져온 간부들을 포함한 단원들도 본인 임기가 다 되어 갈 때면 적정한 단원을 추천한다. 그리곤 미리 간부 임명을 준비한다. 때가 되어 차기 후임 간부를 지정하면 기꺼이 수용하는 자세를 취한다. 장기 교육을 다녀온 2009년도에는 아무것도 모르는 나도 단장 직무를 맡아 이끈 경험이 있는데 그것은 신앙생활에 많은 도움이 되었다.

물론 시간이 지나며 단원의 수는 입단과 퇴단을 계기로 현재 11명이 활동하고 있다. 그중 나와 베네딕토가 창단 당시의 멤버로 오랜 세월 함께하고 있다. 이곳 평화성당에서는 우리 레지오단을 가톨릭 이념에 맞는 모범적인 심신 단체로 인정하여 우리에게 크고 작은 응원을 아끼지 않는다. 부득이 이사 등의 사유 이외는 단원 교체가 거의 없으며 단원들 각자가 성모님의 군대의 일원으로 역할을 맡아 제대로 제 몫을 해내고 있는 편이다.

턱도 없는 신앙 지식과 리더십으로 지난 2008년도에 직장 내 장기 교육으로 인해 오랜 시간을 레지오에 공백을 주었음에도 기다려 주고 다독여 준 분들이 요청이 있었기에 감히 그 직책을 받아들였던 것이며 실수도 결석도 꽤 있었다. 어느 철학자는 '신앙이란 열망의 모습을 가진 사랑'이라고 했다.

서양 격언에 '보통 때에는 신을 믿지 않는 사람이라도 이따금 넓은 바다를 건널 때면 독실한 신도 이상으로 신을 믿기 마련이다'라고 말한 것은 사람들은 내면에 항상 절대적 존재를 의식하며 살아간다는 의미일 것이다.

평이한 나날 속에서 어려운 일에 부딪히면 우리는 하느님께 기도하며 모든 게 내 탓이라며 가슴을 치며 반성할 줄도 알게 됐다. 또 기쁜 일이 생기면 하느님께 감사의 기도를 드릴 줄 아는 가톨릭 신자로서의 자세로 이제 세월의 길이만큼 자연스럽게 조금씩 조금씩 가톨릭교회에 접근해 가고 있음을 느낄 수 있었다.

언제라도 마음이 복잡하여 무엇인가 결정의 이정표를 찍을 때, 오래전에 답답함을 견디지 못해 뛰쳐나간 오후 3시의 공황장애인처럼 나의 길을 잃고 헤매고 있을 때 나에겐 우리 '사랑하올 어머니' 레지오단은 위안 그 자체였다. 이 순간부터라도 우리 같이 성모님 지휘 아래 한 군대의 일원으로 그 그늘에서 서로의 부족함을 채워주며 서로 사랑하며 살아가길 예수 그리스도의 이름으로 소망해 본다.

3. 대장이 손짓하는 거기

#대장 질환 예측할 수 있다

초등학생 손주 녀석들이 방귀 소리로 경쟁이라도 할라치면 누가 이기든지 속옷을 갈아입고 깔깔거리며 끌어안고 뒹굴고 난리를 친다. 이번에는 흔히 걸릴 수 있는 대장암 관련 질환에 대해 알아보기로 하자.

보통 사람은 하루에 10~20회 방귀를 뀌지만, 유제품을 먹으면 횟수가 늘어나고, 쌀·생선 등은 방귀 횟수를 줄여준다는 말이 있다. 대변 냄새가 지독한 것은 장내 세균 때문이라 한다. 건강한 사람의 대변 냄새는 심하게 격하지 않다. 대변 냄새는 장내 존재하는 미생물과 먹은 음식에 달려있다고 한다.

대장에 있는 좋은 세균이든 나쁜 세균이든 균형이 안 맞으면 건강에 문제가 생기며 음식을 발효시키고 부패시키는 정도에 따라 냄새의 정도가 다르다고 한다. 대장균이 음식 찌꺼기를 발효시키면서 악취가 나는 가스가 발생하는데 이것이 방귀이다. 소리가 크면 직장과 항문이 건강하다고 생각하지만, 그것은 습관적이며 고의성이 다분하다고 한다.

요즈음 TV 광고영상을 보면 광고 내용이 참 재미있는 것들이 많다. 전에 광고를 잠식했던 대단위 아파트 광고는 이제 보기 드물다. 대신 건강과 관련된 제약에 대한 광고가 대세인 것 같다. 그중 하나를 우연히 보게 된 것은 누구나 공감할 수 있는 우리 몸 직장 바로 밑부분에 발생하는 치질에 관한 광고이다.

아나운서 전현무와 배우 이장우와의 대화에서 치질로 말 못 할 고민하고 있던 이장우가 "형, 내 친구가 치질로 고생하고 있는데 그 약 먹으면 효과가 있을까" 하고 묻자 "그럼, 치질에는 이 약 먹으면 충분해"하며 약의 효과성을 강조한다.

그러고는 바로 "야! 네 친구가 아니고 너 아니야" 하며 전현무가 산통을 깨는 장면을 보면 웃기지만 마냥 웃고만 있을 수는 없는 노릇이다. 왜냐하면 우리 집 큰애가 속 치질로 대구의 한 병원에서 수술받고 여러 달 고생한 경험이 있었기 때문에 그 고충을 조금은 안다. 덧나면 재수술도 불사한다. 어느 부위나 기관을 막론하여 다 중요하지 않은 부분은 없겠지만, 음식 섭취의 서구화로 급속히 증가하는 대장암을 비롯하여 대장 관련 질환에 대해 알아보기로 하자.

유쾌, 상쾌, 통쾌를 외치며 배변의 시원함을 느끼게 하는 건강하고 이상적인 대변은 굵고 긴 바나나 형으로 주로 황금색을 띤다. 물론 먹는 음식에 따라 대변의 색은 다를 것이다. 선지국이나 붉은 포도주를 마시면 결과도 검붉은색이 될 수도 있다는 것이다. 또한 대변 냄새나 방귀 냄새로도 장 건강을 어느 정도 예측할 수 있다.

배변횟수는 하루 세 번 이하로 일주일에 세 번 이상 배변이 이상적이라고 한다. 타지에서 물을 갈아먹거나 냉면을 여럿이 같이 먹었음에도 혼자 설사를 하는 음식 과민증이나 긴장과 스트레스로 장운동에 장애를 일으키는 과민성대장증후군 등 장 트러블은 대부분 자연적으로 나으므로 큰 문제는 없다. 그러나 장에 염증이 있거나 대장암이 우려되는 경우 검사를 받아 보는 것이 바람직하며 우리가 먹는 음식 섭취의 결과물은 정기적인 관찰이 필요하다고 한다.

이유 없이 배변 습관이 예전과 달라진 경우 즉, 배변횟수가 줄고 변이 가늘어진 경우, 직장 부위에 암이 발생하면 압력이 높아져서 변비가 생긴다. 혈변이나 흑변은 암 때문일 수도 있고 장내 출혈을 의심할 수도 있다. 또 회색 변은 담즙 기능이 상을 의심해 볼 수 있으며 그 외 복통, 복부팽만, 소화불량, 체중이나 근력 감소, 피로감, 식욕부진 등이 나타나 근육 부족을 가져올 수 있다고 한다.

또 대변에 코 같은 것이 묻어 나온다면 대장암세포가 점액질을 분비하기 때문이다. 대장암이라고 해서 꼭 피가 섞이는 것도 아니다. 왜냐하면 대장 초입에 혹이 생기면 항문까지 내려오는 동안 희석돼 혈변이 보이지 않기 때문이다. 대장암은 대장에 용종이 생겨 암이 되기까지 5~6년 걸리는 느린 암으로 40세 이후에는 5년마다 대장내시경 검사를 한다면 80~90%는 예방이 가능하다고 한다.

#대장암 주의보

그러면 대장암의 발생 원인과 예방·치료 방법은 없는 것일까? 예방도 치료도 가능하다고 한다. 대장암의 발생 원인으로 크게 네 가지로 염증성 장 질환, 용종(폴립), 나쁜 생활 습관, 가족력이 있다고 하는데 그중 궤양성대장염, 크론병 등은 염증성 장 질환으로 이는 장 점막이 자극을 받아 생기고, 대장암 발생률이 훨씬 더 높다고 한다.

궤양성대장염은 직장과 대장에 궤양이 생기는 염증 질환으로 그 일부가 대장암으로 발전할 가능성이 크다고 한다. 그러므로 2년마다 내시경 추적검사를 해야 한다. 징후로는 혈변, 설사, 복통, 점액 변 등으로의 증세를 보인다고 한다. 또 궤양성대장염은 출혈이나 천공 등의 현상을 보이며 크론병은 대장과 소장에 깊은 궤양이 발생하는 염증 질환으로 복통, 항문 통증, 저체중, 빈혈로 진료하러 갔다가 주로 발견된다고 한다.

용종은 대장점막에 생기는 혹인데 암으로 발전될까봐 대장내시경 검사 중 발견되면 동시에 제거하여 치료를 마친다고 한다. 의료계에서 추천하는 내시경 검사 주기는 50세 이상 5년이지만 요즈음은 젊은 층의 발병률이 늘어나 40대부터 3년마다 대장 내시경 검사를 받도록 권장하고 있다. 다음은 나쁜 생활 습관으로 식사 때 반주로 술을 마시는 것과 술을 마신 다음 날 아침에 간에 낀 지방을 해소하려면 신체적으로 무리가 가서 간도 점막을 자극하여 암이 발생할 가능성이 있다고 한다.

또한 대장암 예방에 빠질 수 없는 것이 기본운동으로 국제 암연구소에서는 대장암 발병을 줄이는 방법으로 신체활동을 제시한다. 하루에 30분 이상 땀이 날 수 있도록 일주일에 3～5일 운동하라는 것이 세계보건기구의 권고사항이다. 요즈음 내가 하는 탁구는 운동하는 소리가 경쾌함은 물론이고 땀을 흠뻑 흘릴 수 있어 좋다. 오늘도 땀을 한 바가지 흘리고 들어오는 중이다.

부득이 대장암 수술을 해야 한다면, 수술 후 평생 관리해야 하므로 집에서 가까운 접근성이 좋은 병원에 가서 하루라도 빨리 수술받는 것이 유리하다고 한다. 이렇듯 우리의 몸은 질병에 강한 것 같으면서도 한없이 예민하고 섬세한 면이 있다. 평소 우리의 소화기관인 대장의 상태를 냄새와 모양으로 예측할 수 있다면 또 가스 방출이 너무 과하거나 오래 참아 복통이 생기는 정도라면 빨리 병원을 찾아 의사의 지시에 따라야 한다.

우리 몸의 그곳, 소화기관의 불량 상태는 누구나 할 것 없이 음식 습관의 서구화로 다양한 징후로 날로 증가하고 있다. 우리는 남녀노소 누구 할 것 없이 대장 질환의 예방과 치료에 관심을 가지고 다 같이 소화기관 관리에 주의를 기울여 건강하게 오래 삽시다. 월간 '공무원연금지'의 노진섭 시사저널 의학전문기자 글을 참고했음.

4. 소연 씨의 아드님과 따님

   대부분의 사람이 지나간 추억은 모두 아름답다고 생각할지 모르지만, 특히 자기 자식에 대한 사랑과 추억은 의도치 않아도 결국 기쁨으로 다가온다. 그러나 부모가 이미 중년이 다 된 자식에게 하는 당부의 충언은 잔소리로 들려서 질리게 할 수도 있다. 나는 공식적으로 잔소리 대신 객관적으로 자녀 양육 방법을 《내 인생이 담긴 그림책》 발간을 통해서 조심스럽게 표현한 적이 있다.

   소연 씨를 주인공으로 하여 약간 빗나갔던 자신의 교육관에 대해 간접적으로 고백한 셈이다. 여기에서는 통상 마흔 살 불혹의 나이에 진입한 아들과 딸에게 하는 바른 소리는 다 잔소리로 들린다는 것을 부정할 순 없었다, 제3자 관점에서 아이들에 대한 소연 씨의 감정을 객관적으로 분석하여 다른 방법으로 전달함으로써 그네들이 이해하고 공감하면 반은 성공이다. 소연 씨는 그들에게 잔소리가 아닌 스스로가 체험을 통해 느끼고 결정에 따른 책임의 한계까지 스스로 해결하기를 원칙적으로 희망한다.

   그러나 대부분의 부모는 자신들이 먼저 겪었던 쓸데없는 시행착오를 자식들이 또 할 수도 있기에 앞으로 겪게 될 미래에 대해 미리 알려주고 싶은 것이다. 언제라도 그들이 삶을 바르게 살아가기를 바라면서 각자 주어진 운명에 순응하고, 성인이 되어 과거의 일들을 교훈 삼아 흔들림 없이 사회의 일원으로 바람직한 삶을 살아가길 원할 것이다.

이제 막 노인인구에 접어든 소연 씨의 집 나이는 66세다. 그녀의 결혼기념일은 지난 1월에 42주년을 넘겼고 마흔이 된 얼굴이 뽀얀 아들과 서른여덟이 된 얼굴이 갸름해 6:4 가르마가 잘 어울리는 얌전한 딸이 하나 있다. 일찍 결혼한 소연 씨는 첫아들을 낳고 천하를 얻은 것처럼 마냥 행복해하면서도 직장생활을 하는 커리어우먼이었다. 육아를 위해 당시 부곡동에 조그만 방이 네 개가 있는 기와를 얹은 기역자 집에서 시부모님을 중심으로 여덟 식구가 살고 있었다. 소연 씨네 네 식구와 시부모님, 시누이 아가씨 그리고 소연 씨의 시할아버지까지 가메실 언덕 막다른 집은 항상 왁자지껄 시끄러웠다.

1980년대 소연 씨는 남편과 같이 공직생활을 시작하였지만, 공무원 생활 초에는 박봉에 집안이 넉넉지 못해 생활고를 겪으면서도 마음만은 풍부하였다. 소연 씨의 마음은 벌써 아이들에게 빠른 행동을 재촉하며 다그친 것이 결국 오늘날의 소연 씨 가계도의 밑그림이 되었다. 소연 씨는 애초부터 노력파였지만 욕심도 많은 사람이었다. 어려운 살림살이를 뒤로하고 소연 씨는 결혼한 지 3년 만에 시내 변두리에 있는 대지 99

평을 지닌 낡은 집을 산 짠순이였다.

지금도 사람이 사는 가메실 집은 건축물 면적이 19평, 대지 면적 40평으로 여덟 식구 살기에는 작았다. 대부분 가난했던 시절인지라 소연 씨 시어머니도 낮에는 손자를 돌보시고 며느리가 퇴근하여 오면 인근 전자 공장에서 전자부품 조립하는 부업까지 하시면서 열심히 가정을 이끌어 나갔다.

#소연 씨가 아들에게 하고 싶은 말

시간이 흘러 소연 씨의 두 아이는 유치원에 갈 나이가 되었다. 소연 씨는 아이들에게 교육은 투자라고 생각하고 진로에 신경을 썼다. 그런 차에 소연 씨 남편의 동기생 와이프가 아들을 남산동에 있는 사립유치원에 보낼 생각이라며 같이 보내자고 하였다. 올 것이 왔구나. 사실 소연 씨네 형편에는 그 사립유치원에 입학할 만큼 여유가 없었다. 그러나 그녀의 첫아이가 만 3세가 안 되었는데도 책을 좋아하고 숫자 개념이 밝은 것을 보고 천재인가 의심도 되고 기대도 되어 일찍 교육기관을 통해 확인하고 싶었다.

또한 그 유치원은 사립유치원으로 원비가 공립의 배가 넘게 부담되는데도 소연 씨는 큰 고민 없이 사립유치원에 입학시켰다. 거기에다 오후에는 학습지를 이용해 공부하는 것으로 너무 앞선 조기교육을 시작했다. 유치원의 '몬테소리' 과정은 잘 따라 하는데 겨울방학 말, 초등학교 입학 준비 과정에서 한글을 터득하지 못했다는 사실을 알았다. 그때까지 책 읽는 소리가 난 것은 읽은 것이 아니고 외운 부분을 반복해서 소리 낸 것이었다.

몬테소리 교육과정은 한글 습득 과정에 비중이 크지 않다는 것을 나중에 알았다. 그때까지 글을 읽지 못하는 그녀의 아들을 보자니 소연 씨는 조바심이 났다. 그때부터 소연 씨의 안달은 시작되었고 EBS-TV 영어교실 수업은 비디오 녹화를 해서 소연 씨가 직접 선행학습을 시키기도 했다. 영어도 곧잘 따라 하였다. 아이가 얼른 자라서 학교에 가서 제 재능을 발휘하였으면 하고 기대했다.

그 당시에는 집집이 어지간하면 저학년 때엔 무엇이든지 가능성을 가지고 방과 후 수업을 시키는 탓에 소연 씨의 아들도 방과 후에는 무거운 가방을 들고 많은 경험을 한 재간둥이로 성장하고 있었다. 피아노, 미술학원을 시작으로 학년이 올라갈수록 붓글씨, 대금, 바둑, 태권도 도장으로 하루 일정이 바쁘게 돌아갔다. 그래도 심성이 온유한 소연 씨 아들은 상위권 성적을 유지한 채 중학교 2학년 2학기를 맞았다.

소연 씨 아들의 사춘기 특징은 독서실에 가면 집에 늦게 왔다. 그렇다고 그렇게 열심히 공부하는 것 같지도 않았다. 그 무섭다는 중2병. 그때서야 소연 씨는 아들이 엄마의 지나친 관심과 간섭으로 인해 공부가 점점 멀어진다는 것을 알게 되었다. 스스로 하는 자발적인 공부가 아니라 학습능률이 오르지 않는다는 것을 깨달았지만 소연 씨 생각에는 시간이 없었다. 때가 늦은 감이 있었다.

중학교 3년 성적을 학년별 비율을 반영하는 고등학교에 진학 전형 절차에서도 소연 씨의 아들은 그녀를 힘들게 했다. 반영률이 가장 많은 중학교 3학년 성적이 가장 저조하게 나타났다. 고등학생이 되면 모든 것을 아들이 알아서 하겠다는 약속하에 소연 씨는 스스로 하도록 내려놓았다. 세상엔 억지로 안 되는 것이 꽤 되었다. 이미 스스로라는 단어는 소연 씨네 집의 것이 아니었다.

고3의 소연 씨의 아들은 엄마가 대신해 줄 수 없는 고등학교 3년 과정을 가방만 왔다 갔다 했는가 수능시험 결과 역시 좋지 않았다. 점수에 맞춰서 간 지방대학은 딱 한 번의 반 장학금을 쥐어 주고 다시 그 자리로 돌아왔다. 대학교 3학년을 마치고 소연 씨의 아들은 입대했다. 논산에서 돌아오는 길에 소연 씨는 흐르는 눈물을 주체할 수가 없었다. 입대 5주 후에 '육군 신병교육대 조교로 명 받았다'며 전화가 왔다. 소연 씨 생각으론 대학 1학년 여름방학 때 크리스토퍼 리더십 교육을 받은 것이 많은 도움이 된 것 같았다.

군 제대 후 공부를 한다거나 잠시 휴식할 여유도 없이 바로 4학년에 복학해서 취업 준비를 하던 중 아르바이트를 한다며 지금 다니고 있는 마케팅 회사에 입사했다. 그때의 준비되지 않은 구직 알바가 15년이 지난 지금은 마케팅 분야 매장에서 장기근속하고 있다고 소연 씨는 심정을 밝혔다. 입사 초기에는 사원 교육 파트에서 '블루강사'로 선발되어 활약하기도 했다.

소연 씨 마음에는 그래도 아들이 법학을 전공했는데 그 계통인 공직으로 방향을 트는 것이 명실공히 신분과 노후의 안정이 보장되지 않을까 하여 그 무렵에도 섣불리 '헬리콥터 엄마'의 역할도 되풀이해 보았다. 소연 씨 모자는 말리고 싸우고를 반복하더니 당사자인 아들의 주관대로 되었다. 한참 동안은 엄마 의견을 따라주지 않은 아들에게 안타까움과 아쉬움이 커서 소연 씨는 무척 서운했다고 한다. 소연 씨는 나름 아들의 교육에 있어서 만큼은 뒷바라지에 최선을 다했다고 말한다. 소연 씨 아들은 스물일곱의 이른 나이에 또래에서 빠른 결혼으로 큰아들이 벌써 초등학교 졸업반이다. 그 밑에 작년에 초등에 입학하여 제법 학습 자세가 잡힌 둘째 아들 해서 두 아들의 중년 아빠이다.

소연 씨 아들은 휴일에는 아이들 숙제를 봐주거나 학습 교재를 보고 가르치기도 한다. 그 모습이 소연 씨에게는 자연스럽게 눈에 익었다. 아들과 눈이 마주치자 누가 먼저랄 것도 없이 함박웃음이 터진다. 소연 씨를 닮은 아들의 모습을 보았기 때문이었다. 그렇다. 인생은 성적순이 아니다. 학교 성적이 우리 인생의 총량을 재는 평가 결과와는 다소 연관이 될지언정 누구나 잘하는 분야가 따로 있고 특기가 있는데 미리 발견치 못 한데에 따른 약간의 시간이 필요하다. 여러 시행착오를 겪으며 고민하다가도 더 좋게 일이 풀린다.

시간이 갈수록 소연 씨는 그의 아들에게서 인내심과 투지 그리고 굳은 책임감이 있음을 실감하고는 지금은 아들을 높이 평가하고 있다. 어느 날 소연 씨는 "아들을 믿고 그 결정에 무조건 따라주지 못한 엄마를 용서해 줘. 엄마가 아무리 욕심을 내어도 결국은 너의 인생은 네가 짊어지고 책임져야 한다는 사실을 알게 되기까지는 시간이 필요하다는 것을 왜 절실히 느끼지 못했을까. 많은 시행착오를 겪게 해서 미안하다. 아들아"하며 사과했다.

소연 씨는 인생은 짧다는 것을 요즈음 특히 실감하고 있다. 아들 앞에 전개된 미래가 만족스럽고 아들이 손자들과 함께 있으면 행복하다면 그게 최고 인생의 보람이라고 내심 생각하고 있다. 그래서 엄마는 또 너희들만 있으면 행복한가 봐.

#사랑하는 따님, 엄마 말 좀 들어봐

"네 살 때 너의 모습이 보고 싶거든 너의 딸, 서아를 보려무

나. 끝까지 해내고 말겠다고 거울 보고 혼자서 탁구공 연습하는 것은 네게는 없어 낯설었지만 보기 좋은 장관이었다. 조용하고 신중한 자태랑은 천상 작은 가실이가 내 옆에 앉아 있구나" 하며 소연 씨는 딸을 보며 말했다.

소연 씨는 요즈음 들어 순식간에 지나가 버린 뭉텅이 세월이 꿈을 꾼 양 사라져 버려 정신을 못 차린 듯 무엇이든지 아쉬워만 한다. 아이들에게 퍼부었던 정성과 희생은 모두 그 애들을 위한 '사랑'이었다고 소연 씨는 주장했지만, 인정하지 않는 듯 돌아온 반응은 석연치 않았다. 소연 씨의 아이들은 둘 다 성실한 편이었다. 특히 그녀의 딸 초등학교 시절엔 엄마 소연 씨의 기대를 넘어 흐뭇한 모습들을 엄마에게 많이 보여 주었다. 소연 씨 딸은 만 3세가 되자 신문지 여백에 있는 여자 인형을 그리기 시작했다. 연습작이라도 버리기 아까웠다.

사람의 손가락 발가락을 각각 다섯 개씩 정확히 표현해 소연 씨를 감동시킨 적도 있다. 나중에 커서 딸아이가 원한다면, 미대에 보내 딸아이가 하고 싶은 공부와 즐길 수 있는 직업을 선택할 수 있게 해주겠다고 마음먹었다. 소연 씨가 그녀의 딸에게 지금도 미안한 마음을 갖는 것이 하나 있다. 초등 6학년 때 딸도 엄마를 닮아 체육·무용에 흥미가 없는 것을 알면서도 6학년 1반 반장으로서 5인조 동아리 반을 만들어 활성화하라는 학교의 협조 요청이 있어 작품을 만들고 연습하는 모습이

가관이었다.

어느 날 퇴근하여 집에 오니 소연 씨의 거실에 두툼한 이불을 깔고 음악을 시끄럽게 틀어놓고 에어로빅을 연습하고 있는데 그 애살이 예쁘기도 하고 서글프기도 하였다. 소연 씨는 학원의 도움을 받아 실비로 작품부터 연습, 의상까지 협찬받아 교내 최우수 동아리상을 받게 되었다. 입상은 물론 장학사 학교 방문 시 시범을 보이게 한 것은 딸아이에게는 충격이었고 가장 부끄러움을 느꼈던 순간이었다고 한다. 아뿔사! 그러한 사건은 획기적인 이벤트였는데 그런 시절이었나보다. 지금이라면 절대 그렇게 밀어붙이지 않고 그 애들에 맡겨 놨을 것이다.

모든 것을 자신들이 스스로 결정하고 소신껏 그 행동에 책임을 지는 것이 맞다. 권리가 있다며 거기에 걸맞은 책임이 반드시 있어야 한다. 그래야만 그 주체를 중심으로 사회는 원만히 돌아간다. 그때의 소연 씨는 그만큼 마음의 여유가 없었고 승부욕이 강했음을 엿보게 된다.

또 소연 씨의 자녀 남매에 대해 항상 빠지지 않고 말하는 에피소드인데 어린 시절에 오빠가 태워준 자전거 타기가 정말 신이 났다는 얘기는 아파트 입구 상가 주인으로부터 여러 번 들은 적이 있다. 방과 후 초등학생 남매 중 오빠는 동생을 자전거 뒤에 태우고 정작 운전하는 저는 자전거를 끌고 가면서도 붓글씨 쓰는 서실까지 매일 같은 시간이 되면 동생을 자전거에 태워서 가더라는 얘기다. 벌써 삼십 년 전에 있었던 이야기이다.

오늘 내가 말하고자 하는 것은 내 자식이 아무리 예쁘고 귀하다 해도 성장 후에도 독립성이 부족하여 부모에게 자꾸 손을 벌리거나 다른 도움을 요구한다면 뒤돌아보고 다시 시작해야 한다. 당신의 손자가 똑같은 모습으로 당신을 찾아오기 전에 가슴 아픈 거절도 연습해야 한다.

평소 우리는 잘하고 있는 아들, 딸에게 염려스러워 여러 번 되풀이 하여 말한다. 그들은 그것을 '잔소리'한다고 한다. 쓸데없는 소리라고 여긴다. 나는 소연 씨에게 이 말을 건넸다. "수고했어요. 소연 씨, 앞으로 너무 억척같이 살지 말아요. 당신 스스로가 부족하다고 생각할 때 당신의 자녀들은 내가 보기에는 반듯하게 잘 살아가고 있어요." 자녀가 성인이 되어 독립을 전제로 스스로의 삶을 개척하여 선택과 결정에 따른 결과에 대해 책임질 수 있도록 응원하는 것이 부모의 역할이다.

5. 운수 좋은 날

  약 100년 전의 일이다. 1920년대 한 잡지에 발표된 단편소설 '운수 좋은 날'은 현진건이라는 작가의 작품으로 그 시대에 역시 그의 작품 '빈 처'와 같이 우수한 작품으로 손꼽혀 왔다. 높은 안목의 반전을 가져온 작품이었는데 그때 고등학생인 내겐 사실 내용이 어려워 쉽게 와 닿지 못했다.

  그러나 나는 고등학교 1학년 때 교실로 직접 책을 팔러온 분에게 비싼 단편 문학집을 덜컥 사고 말았다. 물론 정기적으로 납부해야 하는 월부였다. 간도 크게 할부로 책 외판원은 구술능력이 뛰어나 우리 반 아이들 대부분이 점심시간이 와도 쉽게 나갈 수 없게 이목을 사로 잡고 있었다. 그 외판원은 중학교 때 제목만 듣던 '감자' '백치 아다다'의 작품성을 설명하며 입에서 침이 튀도록 우리 새내기 여고생들을 열심히 설득하고 있었다. 점차 몸에서는 온기가 돌고 등에서 땀이 났다. 사고 싶은 열망이 책에서 눈을 뗄 수 없었다.

  사야겠다는 작정을 하고 바로 뒤에 앉은 친구와 반씩 돈을 내어 책을 사기로 했다. 지금은 올케언니가 된 나 대표와 같이 청소년들의 필독서라는 단편 문학 전집 5권 1세트를 구입해서 나는 3권, 언니는 2권을 홀짝 권 수로 나누어 가졌다.

전개되는 이야기가 '운수 좋은 날'의 제목과 내용이 맞지 않는 것 같아 책을 읽고 나서 싱거운 감정이 일었다. 지금 생각하니 당시 그 단편소설 '운수 좋은 날'의 스토리가 이해가 안 갔던 것 같다. 또한 전개된 주변 환경들이 너무 너저분해서 두 번은 읽지 않았다. 읽은 후에 묘한 감정이 휘감기는 것이 그 이후 '운수 좋은 날'에 대해서는 얘기할 기회가 없었다.

 또 다른 이유는 반백 년 지나 이제야 알게 됐지만 1924년 6월 〈개벽〉 잡지에 실린 현진건의 작품들이 전년도에 100주년이 되어 저작권이 만료되었다는 것이다. 일제 강점기 비참한 생활상이 표출되는 것을 막으려고 현인들이 문학 활동을 못 하게 저작권을 내세운 것은 아닌지 학자들은 추측하고 있다고만 알고 있다. 제목은 더할 나위 없이 좋았다.

 그런데 가난한 환경 속에서 거기다가 젖먹이가 딸린 젊은 부인이 한 달간 앓다가 숨을 거두었는데 글 제목을 그렇게 화려하게 붙여야 했을까? 희미한 기억으로는 그때는 설레는 마음으로 읽었지만, 인생 격정을 지나온 지금에 이르러서야 그 집에서는 그날, 더할 수 없는 비극이 일어났던 것을 알았다.

 내용은 이러하다. 때는 1920년대 인력거꾼 김첨지의 아내는 한 달가량 병들어 누워 있었으나 경성부에 택시 출범이 시작되면서 김첨지는 열흘 동안 한 푼도 돈을 벌지 못하여 약을 사 오지 못한 것이다. 그리고 아내에게 지병이 있었지만, 이렇게 병이 심해져서 병석에 오랫동안 있게 된 이유는 또 있었다. 며칠 굶은 아내가 '김첨지가 오랜만에 돈을 벌어서 산 조로 밥을 지었는데 설익은 밥을 급하게 먹다가 체한 일이 있었다. 며칠 뒤 어느 비 오는 날, 인력거꾼 김첨지는 그날따라 유독 가지 말라고 말리는 아내를 두고 돈을 벌러 나온다. 그런데 그날따라 인력거 손님이 많아서 김첨지는 2원 90전이라는 돈을 벌었다.

1920년대 1원이 약 10만 원 정도의 가치였음을 고려하면 하루 수입치고는 꽤 큰 돈을 받은 셈. 1922년도 공립보통학교 월 수업료가 1원이 안 되었으니 큰돈 아닌가. 하지만 집에 가까이 갈수록 느낌이 불길해 하던 중, 그 불길함으로부터 도피하기 위해 마침 친한 친구 차삼이를 만나 그와 술을 마시며 시간을 보낸다. 그러다 취중에 "우리 아내가 죽었네." "아내가 죽었는데 내가 술이나 처먹고 있으니 내가 죽일 놈이다"는 농을 한다.

술에 취한 상태에서도 아내가 그리도 먹고 싶다던 설렁탕을 사서 집으로 돌아간다. 설렁탕은 김첨지가 취중에도 잊지 않고 사 들고 왔다는 것은 무식하고 거칠지만 속은 자상하고, 아내를 진심으로 사랑한다는 것을 알 수 있었다. 불안감을 계속해서 느끼던 김첨지가 집에 돌아왔을 땐 설렁탕을 먹고 싶어 했던 아내가 이미 죽어 있음을 확인하고, 그 시신을 붙들고 절규하며 목 놓아 운다. 운이 매우 좋은 날이라고 생각했었으나 사실은 인생에 가장 최악의 날이었던 것이다.

안타까운 이야기다. 시대적 상황이 고스란히 나타나 있다. 물론 비가 오니까 경성부의 서민층들은 인력거꾼 김첨지에게 몰렸을 테고 김첨지는 이게 웬일인가 싶어 땀 흘려가며 열심히 인력거를 몰았을 것이다. 영국 작가 제인 오스틴은 "모든 인생은 비극이라고 했다. 왜냐하면 인생은 죽음으로 끝나기 때문이다"라고 한 말처럼 사람은 언젠가 죽는다. 얼마나 존엄한 죽음을 맞이하는가는 그 시대를 살아가는 개개인의 몫이다.

더욱이 우리들의 아버지 시대, 즉 1920년대 주어진 환경이 열악하고 빈곤한 시대에 살았던 김첨지의 노역과 그 아내의 죽음은 안타깝기 한량없다. 더 할 수 없이 '운수 없는 날'이었다. 현시대의 국어학자들은 이 소설의 결론을 두고 너무너무 재수 없는 날이라서 역설적 표현으로 '운수 좋은 날'로 제목을 인정, 확정했다고 한다.

6. 저는 평범한 것이 싫거든요

#찻잔에 우려먹는 녹차

열두 살 소년의 이름은 동재다. 이동재(李東材). 그는 침착한 성격을 가진 지혜로운 소년이다. 그러니까 9년 전쯤, 그가 세 살 때 우리 집에서는 보릿물을 끓여 먹을 때였다. 식사할 때 보릿물을 먹으면 대부분 페트병 2개는 냉장고에서 식탁에 나와 있기 마련이다. 냉장고에 들어갈 땐 냉장고가 더 작아졌는지 들어갈 것들이 많아졌는지 음식이나 물은 합치기 마련이다. 세 살짜리 아이가 페트병의 물을 합치는 모습도 모습이지만, 한 방울도 흘리지 않고 붓는 모습은 믿기지 않을 정도로 진지하고 침착함이 묻어나왔다.

아이는 다섯 살이 되자 여느 아이들처럼 유치원에 갔다. 유치원 아이들의 다도 수업이 있었던 날이었다. 숙우에 녹차를 넣고 뚜껑 꼭지를 왼손 검지로 누른 채 차를 따르는 자태는 혼자 보기가 아까웠다. 동재는 할머니 집에 올 때마다 중국 보이차를 같이 마시는 선비이다. 동재는 그림그리기를 매우 즐긴다. 그림도 그냥 어린이 미술이 아니라 주제가 있는 명화 같은 것을 잘 그린다. 동재가 흥미로워하는 것은 평범한 것들이 아닌 것 같다.

함께 보이차를 마시고 있는 형제.   동재가 그린 '비 오는 도시의 거리'.

#동재의 캐릭터 황혼의 미꾸라지를 만나다

동재는 미꾸라지의 캐릭터를 각 모양새의 특성을 살려 시간만 나면 그리고 오려서 어디든지 가지고 다니는 습성이 있다. 밤의 미꾸라지에는 서쪽 하늘에 달과 별이 있다. 각 미꾸라지 객체마다 특징이 있고 무한한 가능성이 있다. 황혼의 미꾸라지는 정답고 따뜻한 이미지를 가졌다고 말한다.

사실 내 어릴 때 별명은 미꾸라지였다. 내가 어렸을 때, 나를 울리기 위해 심술궂은 오빠가 지어준 별명 '미꾸라지'의 호명에 이제는 약 올라 하지 않는다. 이름자에 아름다울 미(美)가 들어 있어서 '미꾸라지'가 되었는데 그 이름이 불리면 왜 그렇게 억울했는지 세 번만 반복 부르면 싸움이 되어 오빠의 체신을 깎아 버렸다. 미꾸라지는 물이 탁한 논이나 연못에 사는 민물고기로 영양 면에서도 우리 인간에게 아주 유익한 먹거리인데 나는 그런 것들을 이유 모르게 거부했던 까다로운 사람이었다.

어느새 그때의 아기 미꾸라지는 이제 나이 들고 철들고 병든 '황혼의 미꾸라지'가 되었다. 지나간 세월만큼 모진 고생을 겪는 동안 미꾸라지는 남보다 한 계단 위에서 남이 나를 알아주기를 기다리는 난체쟁이였고 '솔직하고 정직한 행동의 결과도 오해가 있을 수 있으나 시간이 지나면 모든 오해는 풀릴 것이라고 믿었다'하고 말한 한 방송인의 희망 고문처럼 대책 없이 기다린다는 말에 공감했던 것이 기억난다.

이제 이해를 할 수 있을 것 같다. 글쓰기를 하면서 나에게 자신에 대해 성찰의 기회가 없었다면, 후련하다는 결말을 얻기는 어려웠을 것이다. 후련하다. 나에게도 지난날 꿈 많고 건강했던 시절이 있었다는 것을 정말 감사하게 생각되는 순간 내 머리에선 치유가 바로 시작되고 있는 것 같다. 그 시절은 바로 설렘보다 더 아름다운 시절이었다. 황혼의 미꾸라지는 이제야 따뜻한 별명을 지어준 오빠와 미꾸라지에 예쁜 그림으로 캐릭터를 그려준 손주에게 사랑한다고 말하고 싶다.

이렇듯 동재는 또래 아이들이 쉽게 접하지 않는 분야에 소질이 있어 보이며 상황판단이 빠르다. 머리 회전이 빠르고 상황 적응력이 좋아 사회생활은 잘할 것 같은데 왠지 애어른 같다. 어느 날인가, 나는 작은 소리로 동재를 향해 "평범하게만 자라다오. 네 어미 아비 힘들지 않게." 귀도 밝지요. 동재가 들었다.

"할머니 전 평범한 것이 싫거든요." 나는 충격받았다. 평범한 것이 얼마나 안전한 줄을 모르고. 하긴 나도 그것을 느낀 지 얼마되지 않았다. 이 아이에게 어떻게 설명을 해주어야 여럿이 같이 가는 방법을 알려줄 수 있을지. 생각을 많이 해봐야 할 것 같다. 그림에서처럼 차도 벌써 우려 마실 줄 알고, 그림 '비 오는 도시의 거리' 재료가 아크릴인 것까진 좋은데 평범한 것이 싫어서 택했다는데, 그냥 내버려 둬도 될지….

 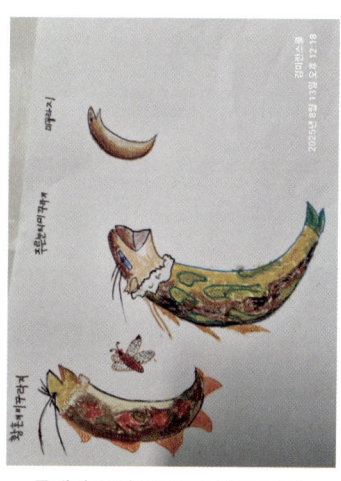

동재가 그린 미꾸라지 스케치.   동재가 그린 푸른 눈의 미꾸라지.

제3부 아름다운 추억과 이제야 보이는 것들

7. 노력은 배신하지 않는다

#김천에 벚꽃이 활짝 피다

시율이가 일곱 살이 되던 해 봄. 두발자전거를 배우던 날, 행복했던 시절의 이야기다. 시내 한복판을 지나는 직지천 뚝방의 벚꽃이 파란 하늘의 구름처럼 만개하여 온 도시를 아름답게 꾸며 놓았다. 이렇게 아름다운 계절에 벚꽃이 만발한 오늘 손주 녀석 시율이는 '솔' 높이의 명랑한 목소리로 "할머니"를 거듭 외쳐대며 현관에 선 채 할머니를 부르고 있었다. 인근 도시에 거주하는 시율이는 아빠와 함께 할머니 집에 들어서자마자 오면서 보았던 벚꽃들을 보러 강변공원에 같이 가자며 내 손을 끌었다.

자신감이 부족하다고 판단 되지만 아이의 입속에서 오물거리는 밥까지 씹어 줄 생각은 없었다. '새끼에게 물고길 잡아 주기보다 물고기 잡는 법을 가르쳐 주라'라는 말이 있지 않은가. 나는 시율이에게 할머니가 시율이와 상의할 것이 있다며 상담을 하느라 한참 동안 안방에서 나오지 못했다. 무언가 할머니와 손자 간에 큰 비밀이 이루어지는 듯한 분위기. 나는 평소 시율이에게 하고 싶었던 말을 자존심 건드리지 않고 잘 이야기 해 볼 생각이었다.

나는 손자 시율이가 '일곱 살이 되도록 아직 두발자전거를 탈 줄 모르는 것도 또 탈 생각을 안 하는 것이 나름 아쉬웠다. 또래 친구들보다 겁이 많고 자신감이 부족한 걸까'라는 걱정이 밀려들 때면 안타깝기까지 하였다.

'같은 나이 아동보다 생일이 늦어서 더 여리고 연약한 것일까' 하는 생각이 들자 결론이 바로 내려졌다. 그래, 공부는 그다음의 문제다. 자전거 타기를 먼저 터득하도록 하자. 마음을 굳히고 손자 시율이에게 이렇게 말하였다. "시율아, 사람들은 한참 동안 서 있으면 잠깐이라도 앉아 보기를 소원하고 또 한참 동안 앉아 있어 보면 눕고 싶단다. 또 눕잖아? 다음은 가장 편한 자세로 눈을 감고 한숨 자고 싶은 것이 사람의 마음이란다. 그래서 한숨 푸~욱 잤으면 하는 마음에 잠을 자버려 점점 더 게을러진단다. 거의 모든 동물의 본성이 그런 것 같아. 우리 시율이는 어떻게 생각하니" 하고 말하자 "그래요. 할머니, 저는 놀이터에서 놀면 노는 것이 너무 재미있어요. 처음엔 미끄럼틀도 타고 그네도 타고 싶어 그네를 탔잖아요? 그네 타고 나면 옆에 있는 철봉에 매달리고 싶어요. 모두 다 해 보고 깜깜할 때 집에 와요. 밥 먹고 나면 피곤해서 바로 잘 때가 많아요" 하며 두 팔을 펴 나를 한 아름 싸 안고 매달려 예쁜 짓을 한다.

이어서 나는 "우리 시율이도 그렇구나. 모든 사람이 자기가

제3부 **아름다운 추억과 이제야 보이는 것들**

하고 싶은 것만 하고 산다면 세상은 어떻게 될까? 시율아, 만약에 아빠들이 일하기 싫다고 회사에도 나가지 않고 백수가 되어서 집에서 놀기만 한다면 가정은 수입이 없어 점점 가난해지겠지. 그러면 나라 경제도 어려워져서 국민도 행복한 생활을 할 수 없게 되겠지. 또 엄마들은 밥하기 싫다고 가족들에게 배달 음식만 자꾸 시켜준다면 가족들은 영양이 고르지 않아 영양실조로 결국 건강을 잃게 될 수도 있겠지. 그렇지만 그 반대로 아빠들은 일찍 일어나 회사로 출근하여 일을 열심히 해서 돈을 벌고, 엄마들은 가족을 위해 맛있게 밥을 지어 가족들에게 건강한 음식을 해주고, 형들은 숙제와 독서를 열심히 하고 모두 각자 자기 할 일을 열심히 한다면 우리는 살기 좋은 세상을 만들기 위해 모두가 각자 노력하며 산다고 할 수 있지. 노력하면 뭐든지 해낼 수 있다는 희망이 생기고 그 대가로 성공을 가져온단다." 나는 부드럽고 사랑스러운 얼굴로 시율의 까만 눈동자를 보며 말했다.

    나의 설명이 설득력이 있었는지 시율이 귀에 쏙 들어간 듯했다. 그러자 유치원생 시율이의 눈이 빛나기 시작했다. "할머니, '노력'이 뭐예요?" 시율이는 또렷한 목소리로 할머니의 정확한 대답을 기다렸다. 나는 녀석에게 '노력'에 대한 근본적인 의미를 어떻게 설명해야 가장 쉽게 이해할 수 있을까? 하고 잠깐 고민하였다.

#공부보다 자전거 타기

자전거 타는 것을 어렵게 생각하여 자전거 타기를 미루는 시율이가 안타까웠다. 시율이가 직접 넘어지는 고통을 겪더라도 끈기 있게 노력하여 연습을 반복한다면, 틀림없이 자전거 타기가 그렇게 어렵지 않다는 것을 알게 될 것이라 여겨졌다. 또한 좋은 결과의 성공의 경험을 할 수 있을 것이라는 생각이 들었다.

"시율아, 오늘은 할머니와 같이 두발자전거 타는 것 배워 볼까? 두발자전거는 아직 안 타 봤지? 두발자전거 타기는 세발자전거 타기보다 자전거가 커서 어려울 것 같니? 그래서 시율이는 친구들이 두발자전거를 타는 것을 보면 부럽지만, 용기가 없어서 못 타는 거지? 그러면 시율이가 어른이 되어서도 두발자전거 타기가 어렵다고 생각해서 자전거를 못 타는 수도 있어. 시율이가 하는 놀이도 마찬가지야. 학교 운동장에 있는 정글 놀이도 처음에는 어렵다고 생각해서 시작하기 겁이 났지? 용기가 없으면 시작도 할 수 없지. 이제부터 용기 내서 두발자전거 타기를 연습한다면 우리 시율이는 분명히 잘할 수 있다고 할머니가 장담한다. 그걸 바로 '노력'이라고 해." 내가 설명하자 "어렵지만 꾹 참고 목표를 해내는 것이 '노력'이라고요?" 시율은 감이 오는 듯 자전거 타기를 한번 해 보겠다고 했다.

나와 시율이는 형이 타던 자전거를 꺼내 깨끗하게 닦았다. 시율이 형은 한 주간 숙제가 너무 많이 밀려 있어 이번 주말에는 할머니 집에 오지 않았다. 초등학교 5학년인 시율이 형은 학원 학습지까지 더하면 이번 주일에는 정말 숙제가 많다고 했다. 지금쯤 제 어미랑 문제집을 붙들고 한참 실랑이를 벌이고 있을 것이다. 자율적인 주도 학습이 얼마나 중요한지도 나는 알고 있기에 못 내 아쉬웠다.

아무튼 시율이는 오늘 형의 개인 사정으로 같이 못 온 것과 할머니의 애틋한 마음과는 상관없이 제 맘대로 형의 자전거를 얼마든지 탈 수 있어 좋았다. 강변공원 가는 길에는 자전거 전용도로가 잘 정비 되어 있었다. 사람들이 별로 없는 때 인지 자전거 타기에는 안성맞춤이다.

두발자전거를 타본 적이 없는 시율이는 자전거를 끌고 가는 것도 낯설고 몸에 부담스러웠다. 힘이 들 때마다 할아버지는 살짝살짝 자전거를 밀어서 시율이가 안전하게 갈 수 있도록 했다. 자전거 타기 운전이 시작되자 손자 시율이가 지금까지 자전거 타기가 왜 안 되었는지 바로 알 수 있었다. 짐작했던 대로 처음부터 해 보려는 의욕이 부족했던 것이었다.

그때 각 페달에 한발씩 놓고 힘을 주자 할아버지는 장난으로 자전거의 뒤에 있는 안장 밑을 살짝 밀었다. 최대한 안전을 고려해 조금 밀었는가 본데 아니나 다를까 시율이의 자전거는 균형을 잃고 '쾅'하고 넘어지는 것이 아닌가? 다행히 다치지는 않았지만, 시율이가 역시나 하는 두려움으로 한바탕 웃었다.

시율이도 울고 싶던 차였는데 한 번 세게 울었다. 시율이 할아버지는 땀까지 뻘뻘 흘리며 시율이에게 사과하였다. 시율이는 바로 울음을 그치고는 맹연습에 들어갔다. 그때 나는 시율이에게 악착같은 끈기가 있음을 발견했다. 천신만고 끝에 시율이는 자전거 타기에 성공할 것이 감지되었다.

#노력의 의미

몇 번의 실패와 좌절 끝에 터득한 것이 이번에는 넘어지기 일보 직전, 힘주기 싫었던 오른발 페달에 힘을 적당히 주고 나서 바로 반대편 왼발 페달에 균형을 실었다. 나의 엄지척 격려의 손짓을 본 시율이가 가능성을 가지고 자전거 페달을 밟기 시작하자 이게 어떻게 된 일인가? 앞바퀴가 한 바퀴 돌며 자전거가 앞으로 나가기 시작했다.

뒷바퀴도 저절로 따라가자 또 한쪽 페달에 힘을 주었다. 연속으로 두 바퀴가 굴러가는 것 아닌가. "야호, 할머니~돼요!" 시율이는 흥분된 목소리로 야호 소리와 함께 활짝 웃으며 잘 달렸다. 벚꽃이 만발한 4월 어느 봄날, 시율이와 할머니는 오늘을 잊지 못할 것이다.

시율이는 자전거 타기에 성공한 것이 나름 만족스러웠는지 자신의 마음을 이렇게 표현하였다. "할머니, 저 노력했어요. 페달이 무거울 때는 더 큰 힘을 주고 또 바로 반대편의 페달을 힘껏 밟으니까 자전거가 앞으로 나아갔어요. 지금까지는 저는 힘 드는 것은 일찍 포기하고 안 했어요. 귀찮아서요. 그런데 끝까지 노력하면 된다는 사실을 알았어요. 자신감이 생겼어요. 저 자신 있어요." 이 얼마나 반갑고 듣기 좋은 소리인가? 시율이가 '노력'의 의미를 정확히 말하고 있었다.

시율이는 노력 끝에 자전거 타기에 성공했다.

유치원생 입에서 이보다 더 이상의 명료한 대답이 나올 수는 없었다. 이는 어려움 속에서 극복한 내면의 강인함과 의지, 그리고 자신이 가지고 있는 끈기의 결과에 대한 직접적인 체험과 그에 대한 만족감이었다. 오늘 시율이의 노력은 시율이를 절대 배신하지 않았다.

8. 내 마음의 교향곡은 어디에

#소녀의 아름다운 심포니

　오늘 기억의 탐구 시간, 한 소녀의 마음속에 간직했던 순수하고 아름다운 심포니 같은 사랑, 오래되어 곧 잊히고 말 것 같은 아슬아슬한 비밀 이야기를 읽었다. 그만한 시절, 내 사랑의 감정을 대신할 만한 청춘 수필을 읽은 것이다. 그 글을 본 사람은 거의 모두가 공감할 수밖에 없는 이 귀여운 감정을 잘 드러내 주었다. 요즈음 썸탄다고 하는 것이 이런 분위기를 말하는 것이 아닐까. 점점 잊히는 아름다운 기억을 붙들고 싶어 나는 주인공이 되었다.

　때는 1940년대 일제 강점기. 주인공은 그 시절에도 기차를 타고 버스를 타고 아름다운 풍경을 보며 여행하는 것을 참 좋아했던 것 같다. 차창 밖으로 보이는 국도의 먼지투성이가 가시고 나면 농부들의 땀 흘려 일하는 모습이 보이고, 황량한 겨울 들판은 마음을 쓸쓸하게 한다는 것도 알았다.

　소녀의 집은 마을이 집성촌인 관계로 대부분 남자들은 오빠, 아재뻘이다. 그리고 그들은 마을에 있는 초등학교 선생님이며 타성인 선생님이 한사람 있었다. 오빠들이 모두 그 선생님 시골집에 가는데 동생인 소녀도 데리고 가고 싶어 했다. 집안의 다른 언니들도 함께 간다고 해서 이 소녀는 따라나섰다. 마음이 하늘을 날것같이 들뜬 소녀는 모든 게 좋아 보였다.

6·25 전쟁 때 그렇게 지겹던 신작로는 이날 어찌 그리 상쾌하고 근사하게 보이던지. 불어오는 산들바람은 더없이 상쾌하게 와 닿고 넓은 벌판에서 일하는 농부들의 모습도 한 폭의 그림같이 아름답게 보였다. 타성 선생님의 마을에 전해 내려오는 벼락 맞은 고목과 평소 동네에서 보지 못했던 이상한 현상은 뱀 여러 마리가 똬리를 틀고 밭 귀퉁이나 마당 구석에 너무 많이 꿈틀대어 온 동네가 공포에 떨었다는 이야기가 끝날 무렵 목적지에 도착하였다.

그날 소녀가 먹은 수박과 참외는 꿀맛같이 달고 맛이 있었다. 원두막 가는 길은 들바람이 얼마나 시원한지 원두막에 도착했을 때 소녀는 한숨 자고 싶었다. 모두 둘러앉아 이야기꽃을 피울 때 타성 선생님은 서울서 학교 다니는 소녀에게 서울 이야기를 하라고 했지만, 바보 같은 대답으로 오빠들의 박수를 받았다. 모든 것이 소녀를 중심으로 아름답게 짜여 있는 듯하였다. 걸어서 오고 간 시간이 지체되어 서둘러 돌아오는 30리 길은 버스를 탔는데 타성 선생님도 다음날 일직인 관계로 일행과 함께 버스를 타고 시원한 신작로를 달렸다. 오빠들과 같이 중간에 버스에서 내려 걸어간 달밤의 시골 신작로는 너무 좋았다. 낭만적이었다.

우리는 모두 각자가 품고 있는 추억 속의 사랑이 성공했던지, 이뤄지지 못했던지 스쳐 지나간 사랑의 터널 속에 간직하고 있는 사연들이 있을 것이다. 나 같은 경우에는 거국적인 광복 30년이 되던 해 1975년, 고등학교 1학년 때 삼락벌 시민운동장에서 개최된 광복 30년 기념행사 준비 과정에서 폭염 속 여름감기 같은 것이 있었다. 감수성 때문에 한때 얼굴이 홍조가 되어 미리 성숙해 버린 듯 약 1주일 동안 낭만을 논하며 눈을 내리깔고 다닌 적이 있다.

#공설운동장에서의 광복절 교향곡

광복 30년 기념행사 바로 1년 전인 1974년에 당시 영부인이시던 육영수 여사가 저격당해 서거하시고 다음 해에는 기념행사가 시민 운동장에서 열렸다. 그만큼 시민들은 전날의 슬픔을 만회라도 하듯이 광복절 기념행사에 참석하여 광복절을 거룩하게 보내고자 하였다. 여고와 남고 1, 2학년 학생들의 합창으로 애국가 4절까지와 광복절 노래 완창을 위해 애썼다.

시민 운동장 입구를 경계로 남학생은 왼쪽, 우리 여학생은 오른쪽에서 각 학교 음악 교사의 지휘 아래 합창이 될 때까지 연습했는데 그때는 전혀 지루함을 느끼지 않은 것 같다. 모암동에서 삼락벌까지 학생들 모두 반별로 걸어서 갔다. 운동장

출입구 쪽에는 남학생들이 먼저 들어가 여학생들의 행진을 신기한 듯 바라보고 있었다. 그날은 여름방학 중이었으며 한참 더운 여름 한복판으로 광복절 노래 연습을 위해 그렇게 많은 인원이 동원되는 것은 의외였다. 그것도 나를 포함한 여학생들의 얼굴에는 미소를 만연히 머금고 있었으니 보기도 좋았다. 여고생들은 고개를 왼쪽으로 조금도 돌릴 수 없었다. 남학생들이 오로지 여학생 자신만을 뚫어지게 쳐다본다고 착각하고 있었던 것처럼 불특정 다수에게 넋을 잃고 말았다.

나만 그런 것이 아니었다. 내 옆 친구도 또 옆에 친구도 다 그날은 주인공이 되어 '애국가'와 '광복 30년'을 더 높이 부르기 위해 목청을 돋우었다. 남학생에게는 여학생들의 얼굴이 너무 작아 잘 안 보였고, 여학생들은 왼쪽의 남학생들을 향해 고개를 돌리면 표가 날 것 같아 15도 각도만 돌렸다. 동시에 눈으로 표적을 견주었지만 운동장 계단이 높아 잘 보이지도 않았다.

광복절 의식이 끝난 뒤 허무함을 안고 미련하나 없이 제자리에 돌아왔으나 며칠 동안 그 남학생들이 나만 쳐다보는 것 같아서 행복했고 귀한 시간이었다는 생각이 든다. 그땐 왜 그렇게 나를 쳐다보는 사람들이 많았는지 모르겠다. 그것은 착각이었는지도 모른다.

#내 마음의 교향곡

내가 고등학교 2학년 여름방학이 되자 부진한 과목을 보충하려 수학학원에 등록을 부리나케 마쳤다. 초등학교 때 남녀합반 이후 중학 시절에는 왠지 남학생들이 부담스러웠다. 특히 이해가 안 가는 것은 수학을 잘하면서 왜 학원에 나오는지 의심스러웠다. 나는 수학 잘하는 사람을 좋아했다.

어느 날 내 옆에 앉는 수학 잘하는 그 애는 나에게 손금을 봐주겠다며 내 오른손바닥을 펴보라 하였다. 그 애는 내 손바닥에 있는 골진 골을 검지 손톱으로 긁으며 부자로 살겠다며 능청을 떨었는데 그 여운이 가끔 생각날 때도 있었지만 그것이 끝이었다. 단지 그 수학 잘하는 애는 약학대학을 나와 그 어디선가 약국을 운영하고 있다는 소리를 들은 적이 있다.

여기 책 속의 주인공 소녀가 속으로 한 감성 표현이란 것이 참 신기했다. 먼 길을 버스도 타지 않고 아침 일찍 타성 오빠네 집에 가는 길에서 느낀 감성을 그대로 표현하였다. 소녀가 간직한 그 날의 기분은 설렜다. 신작로가 근사했다는 것과 산들바람의 상쾌함을 소녀가 즐기고 있는 것도 몰랐을까.

9. 친정엄마의 팔자소관

#탁배기 선생님

충북 제천이 고향인 나의 어머니 은선 여사는 열네 살 되던 해인 6·25동란 때 부모님이 감염병으로 돌아가시고 홀로 부산 국제시장 부근에 있는 고무신 공장에 다니셨다고 한다. 어린 내 어머니는 시간 여유가 나면 틈틈이 '애 보기'로 아르바이트를 하며 전쟁 중에도 큰 어려움 없이 세상을 배워가고 있었다. 제천에서 결혼해 사는 언니는 늘 하나 있는 여동생이 걱정되어 노심초사였다고 한다.

세상 문물에 조금 일찍 눈을 뜬 엄마는 선물을 가득히 꾸려 5년 만에 언니 집을 찾았는데 그길로 인생의 방향이 바뀌게 되었다. 엄마는 언니이자 나의 이모 중매로 덕산초등학교 교사인 아버지와 결혼하였다. 옛날 살림살이야 다 어려웠지만, 장남 총각의 박봉으로는 일찍이 돌아가신 할아버지의 역할까지 담당해야 했던가 무슨 고민이 많은 사람이었다. 그래서인지 젊어서부터 술을 자주 마셨다고 한다.

나는 유아 시절에 아버지가 술에 취해 곤드레만드레 자시고는 그것도 모자라 동료 중 술탁 배기 선생님과 같이 집에 오시기 일쑤였다. 와서는 술 가져오라고 고함을 치던 광경이 몇 장면 생각난다.

　단칸방에 세 들어 사는 엄마는 주인집에 해가 갈까 쉬쉬하며 응했고 그날 엄마는 무슨 생각을 하시는지 우리에게 무서운 얼굴을 하고 있어 불안한 날이 많았다. 그러나 그러한 일이 아주 자주 있지는 않았고 내가 초등학교에 들어갈 무렵에는 그런 기억이 거의 없다. 아이들이 커 가면서 자아를 찾은 듯 술을 끊으셨지만, 우리 4남매는 이미 아버지의 술주정으로 인한 트라우마로 감성적으로 조금씩 날이 서 있었다.

　내가 지켜왔던 것은 아버지가 술을 안 드시는 날에는 항상 책을 들고 앉아 무언가 읽고 계셔서 자식들이 떠들며 즐겁게 노는 모습을 봐주지 못하셨다는 것이다. 그래도 술을 흠뻑 많이 드시고 방안에서 우리에게 호랑이를 잡던 모습이 아닌 평화 속에서 무언가를 하시는 대반전으로 우리들의 숨통을 조금 틔어 놓은 날도 없진 않았다.

　1969년 장남인 오빠가 중학교 입학전형이 다음다음 해부터 무시험 추첨제로 바뀐다는 정부 교육정책에 민감하셨다. 아버지는 당시 성적이 우수한 학생들이 갈 수 있는 천안 공립중학교에 무조건 넣고 싶으셨다. 마치 아버지가 수험생처럼 긴장되어 계신 날이 많았다. 술을 멀리하시고 아버지의 장남과 가까이하며 학습 분위기를 한껏 조성해 나갔다. 어린 마음에 나와 동생은 집안 분위기가 너무 싫었다. 집에서 떠들고 놀

수가 없으니, 그때 그 마음은 아무런 재미가 없는 싱거운 날들이 많았다.

점점 집안의 공기는 공부를 열심히 하는 애들 순으로 우대받고 그렇지 못한 경우 차별을 두셨다. 그때 우리는 전셋집에 살고 있었는데 어쩌다가 오빠가 공부할 때 방해가 되는 요인이나 사람이 있으면 불청객 취급을 했다. 오빠 공부방은 따로 없어 나와 할머니가 같이 미닫이문을 열고 들어가는 윗방을 썼는데 늘 잠이 모자라는 눈이었다. 좋은 결과를 고대한 만큼 아버지는 오빠의 뒷바라지에 할 만큼 다하셨다.

국민학교 4학년 때에는 반공·방첩 웅변대회에서 오빠가 상을 받은 것이 계기가 되어 5학년 때는 졸업식에서 송사를 낭독하게 되었다. 졸업생들을 울려서 졸업식 진행이 늦어졌다는 후문이 있었다. 그뿐이 아니었다. 가장 오빠의 전성기인 초등학교 6학년 때에는 졸업하는 6학년 어린이를 대표해서 답사를 읽는 영광이 있었다. 코피 터지는 연습 과정도 순탄하지만은 않았다. 송사·답사 원고를 모두 외워야 했고 후배들과 내빈들에게 한 방향도 빠지지 않게 90도씩 동서남북 돌아가며 직각으로 허리 굽혀 인사를 해야 했다. 인사하는 과정에서 실수하는 것에 대해 오빠는 아버지로부터 혼도 많이 났다.

아버지는 졸업식이 다가오자 종합 연습을 체크하고는 국민학교 졸업생이 우향우, 좌향좌, 뒤로 돌아 할 때 방향 개념도 확실히 몰라 실수하느냐며 화를 내셨다. 어리버리한 오빠의 태도로 아버지의 심기를 거슬렀을 때 새벽부터 한 암기에는 긴장 속에서 헷갈리어 더 목소리가 안 나왔다.

　이렇게 아버지의 과잉보호를 받고 자란 오빠는 작은 사회 집단의 모델인 가정에서부터 문제점이 조금씩 나타났다. 아버지는 새벽 공부가 가장 효율적이라며 새벽마다 따르릉 시계로 깨웠다. 오빠는 공부할 자세는 그럴듯하게 해 놓고 턱에 베개를 고이고 졸기가 일쑤였다. 그 어린 나이에도 내가 느낀 것은 공부도 취미도 스스로 해야 자기의 습관이 되고 운명이 된다고 생각하였다. 또 선택과 실행 뒤에 오는 책임이 얼마나 중요하다는 것까지 알 것 같았다. 거기에 오빠의 청소년기는 사춘기를 맞아 행동이 거슬렸는지 혼나는 날이 많았다.

　아버지께서 우리 4남매 중에 가장 믿고 인정한 사람은 둘째이면서 맏딸인 나였던 것 같다. 잦은 전학으로 공부를 놓쳐 학습미숙아로 끙끙거리는 맏딸을 안쓰럽지만 대견해하기도 하셨다. 모난 성격에 어리석게 '모 아니면 도'라고 주장할 때 모습조차 부녀가 어쩜 그렇게 붕어빵인지…. 이 두 사람은 세상을 모르고 인간관계론의 긍정적 영향에 대해 궁금하지도, 알려 노력하지도 않았다. '옳다고 생각하면 끝까지 싸우라'는 아버지의 명언이 생각날 때면 지금은 그 강을 건너 저세상에 가셔서도 얼마나 힘든 순간들을 견디셨을까 생각하면 눈물겹다.

그러나 바로 아래 여동생 애란의 긍정적인 마인드는 나를 포함하여 다른 형제들과는 달랐다. 적당히 해도 잘 통과되었고 너그러운 마음가짐을 가진 여동생은 엄마·아빠로부터 물적 심적으로 많은 수혜를 입은 사람이다. 정작 그 애는 그 사실을 모르는 것 같다. 결혼한 지 39주년이라며 이틀 뒤인 내 결혼기념일까지 축하해 주던 그 동생은 그런대로 내조 잘하는 현모양처로, 공직자이던 남편의 명예로운 정년퇴직으로 우리에게 인정받았다.

막내동생은 나에게는 남달랐다. 일곱 살 차이로 내가 초등학교 1학년 때 태어난 남자애였다. 어려서 친구들과 줄 넘기를 할 때도 나는 막내를 업고 뛰었고, 땅따먹기를 할 때도 같이 깨금발을 하고 뛰었다. 나는 아이를 업은 채 땅을 넓혀갔다. 다행히 덩치가 크지 않았기 때문에 가능했고 등에 업힌 아이는 덩달아 신이 났었다.

아무튼 우리 가족이 다른 집처럼 아버지를 중심으로 오순도순 살게 된 것은 내가 중학교에 진학을 앞둔 그 무렵이었다. 그전에는 우리를 천안 문화동에 둥지를 틀어놓고 고모가 집안 살림을 맡아 하고 할머니와 함께 우리 4남매를 보살펴 주셨다. 명절이나 계절이 바뀔 때면 생활력 강하신 우리 엄마는 머리에 큰 보따리 이고 첩첩산중으로 다니며 장사를 하셨다. 주로 양말 보따리가 많았고 어린이옷이 대부분이었다. 아무튼 엄마는 조실부모를 계기로 돈의 소중함을 일찍이 깨우친 듯 알뜰살뜰 돈을 꽤 모으셨다. 추석에 팔려던 어린아이 빨간 원피스가 안 팔리자 나에게 입혀보며 할머니 눈치를 보는 것이 예나 지금이나 자식이 무엇인지 참 부질없다.

  그때도 나는 느낄 수 있었다. 우리 가정 분위기가 냉랭하고 사랑이 부족함을 나는 느꼈다. 그 와중에 그래도 오빠의 학교 성적 오를 때면 아버지의 안색은 이미 희색이 되어있었고 성적이 떨어지면 초상집 같았다. 오빠에겐 인문계 고등학교에서 예천농고로의 전학은 치명적이었지만, 여름방학이 되면 풀을 베어 퇴비 만드는 숙제는 안 해도 되었다. 아버지가 다 해주셨다. 2년 동안 예천에서 사는 동안 아버지의 역할은 헬리콥터 조종사 같았다. 교내 전체 열 명도 안 되는 대입 예비고사 합격자 명단에 오빠 이름이 있었다. 다행이었다. 그 시절 막 부상하던 공대 전자공학과를 지망하려다 그 점수로는 어림없다며 재수의 길을 택했다. 아버지의 전근으로 상주에 새로 구입한 기와집은 재수하는 오빠와 유학 간 나를 빼고는 동생 둘을 데리고 덩그러니 부모님 두 분이 신혼같이 사셨다.

  그도 잠시, 맏딸인 나는 혼자 자취하는 것이 고달프게 느껴졌고 어떤 날엔 엄마가 보고 싶어 눈물을 흘리며 거의 밤을 새운 적도 있었다. 그 후 일련의 연탄가스 사건도 있어 김천여고에서 상주여고로 옮기는 계기가 된 것이다. 재수한다며 서울로 상경한 오빠는 그해 가을에 치른 시험 점수가 더 오르지 않자 집안이 한번 뒤집혔다. 오빠는 군에 입대하려 시도하였으나 워낙 이른 나이(6세)에 초등학교 취학을 함으로써 재수를 했어도 1년을 더 기다려야 지원 입대 자격이 주어졌다.

아버지는 오빠의 짐을 하나둘씩 내려놓기 시작하셨다. 그리곤 당신이 중국어 회화를 공부한다며 중국어 독학에 돌입하셨다. 어느 날부터인가 엄마는 재미없던 당신의 결혼생활을 들려주시며 특히 젊어서 술독에 빠져 살던 아버지에 대한 불만을 내게 털어놓으셨다. 여자의 인생은 남편에게 달린 팔자소관이라 하셨다. 엄마 연세가 이제 구십이다. 자유롭다는 장점 하나로 아파트에 혼자 계신 지 40년이 되셨다. 엄마 역시 연로에 의한 노화는 세월을 이겨내지 못하는 듯 체구가 작아지시고 앉고 서기에 불편해하신다. 하지만 혼자 생활하시기에 익숙해 조용하게 노년을 보내고 계신다.

1976년 오빠는 상주에 있는 농업대학에 들어가 재학 중에 농업진흥청 산하 농촌지도직 7급 공무원 시험에 합격했다. 발령장을 받고 두 달 후 군대 영장 통지에 따라 바로 창원 육군훈련소 조교의 임무를 띠고 입대했던 것으로 나는 기억하고 있다.

#순이와 김 상병이 사라졌다

오빠의 군 36개월은 화살같이 지나갔다. 이후 농담으로 아버지는 오빠의 군대 생활은 제트기같이 빨랐다고 하셨다. 첫 휴가를 나왔을 때는 다른 군인 아저씨들처럼 늠름한 몸매로 균형 잡혀 있었다. 엄마는 오빠가 휴가를 오자 모든 산해진미를 다 해다 먹이며 흥이나 계셨다. 오빠의 소중함이 인식될 무렵, 오늘의 4계절 회원(순, 연, 숙, 란) 중 나를 뺀 3명의 미스가 내 생일날 축하를 위해 놀러 오겠다는 연락이 왔다.

영원한 아군이었던 나의 아버지는 기꺼이 환영하며 고3인 딸 생일을 준비해 주셨다. 누구나 한 치 앞을 모른다지만, 오빠와 올케언니의 소중한 인연을 예측할 수 있었겠는가. 우리 미스 4명의 만든 생일 축하 행사는 우연히 오빠의 상병 휴가와 겹쳐 생일을 뜻깊게 해주었다. 경부선 중간지점 대전 가까이에 신축된 유원지로서의 면모를 갖춘 시설로 급부상된 금강유원지를 목적지로 정하고 다섯 명의 청춘남녀는 서둘러 금강유원지로 가는 직행버스에 올라탔다.

버스를 정신 바짝 차리고 타고 갔는데도 금강 휴게소에 내리자마자 미아 신고를 해야 할 것 같았다. 가득 찼던 버스 안에는 의자가 두 개가 덩그러니 비어 있었다. 버스 주차장에 도착할 때는 분명 보였는데 도착하자마자 눈 깜짝할 사이 지금은 올케언니가 된 사람, 인순과 김 상병이 보이질 않는 것이다.

10. 언니는 대기만성형

#오빠와 올케는 천생연분

1977년도 조성된 금강유원지는 휴게소로 신축되었다. 대전 관할 지역에 속하며 경부선 고속도로 중간지점으로 시설이 고급스럽고 주변 자연환경이 수려하다. 그리고 취급하는 음식이 서구화되어 있어 시중에서 보기 드문 맛있는 음식이 많았다. 소시지에 어묵, 당시 탁 트인 건물 난관에 서서 처음 보는 소시지 튀김을 먹으며 그동안 학교생활의 묵은 에피소드를 앞다투어 얘기했다. 추억을 나누기 바빠 없어진 두 사람을 찾지도 않고 수다만 떨고 있었다.

7월의 날씨만큼 저쪽 편 뚝방 위에서는 이따금씩 미역 감는 사람들이 보였다. 그러는 사이에 맞은편 뚝방 위에 이쪽으로 걸어오는 두 사람이 눈에 익었다. 방금 수영을 끝낸 한 남자와 파란 군복을 정성스럽게 왼손에 걸치고 이쪽으로 걸어오는 여학생, 한 쌍의 남녀가 시야에 들어왔다. 티셔츠를 입고 머리를 종종 땋은 여학생과 오빠는 이미 우리가 간섭할 여지가 없어 보였다.

그런 좋은 인연으로 미스 나는 2년 후에 오빠의 병역 만기를 기다려 나의 올케가 되었다. 둘이 사귀는 것을 부모님도 알고 계셨지만, 오빠의 군 복무로 결혼에 대한 모든 절차가 생략되거나 축소되어 있었다. 제대하고 오는 길에 오빠는 올케언니를 데리고 올라온 것이다. 당시 대구 중앙로 미도백화점 해외 완구코너에서 매니저로 일했던 미스 나를 결혼할 사람이라며 부모님께 당당히 인사시켰다. 그때도 술을 한잔하였는지 용기가 대단했다.

입대 전에 공무원 시험을 거쳐 이미 공직생활 2개월을 경험한 아들이기에 직장이 없는 것도 아니고 아버지는 흔쾌히 결혼을 승낙하셨다. 미스 나를 인물도 마음도 후덕한 며느릿감으로 만족하시면서 너무 예뻐해 다른 이들이 질투심을 자극하기도 했다. 결혼식은 뒤로하고 오빠가 복직한 어느 시골 농촌 지도소 옆에 큰 방을 얻어 보금자리를 만들어 주었다. 그러나 몇 달 되지 않아 세 식구가 되어 방이 좁아 보였다.

내 친구 미쓰 나가 나의 오빠의 아내가 된다는 것이 좋았다. 아름다운 그림만 그려졌다. 좋은 일만 있을 것 같았다. 재미있을 것 같았다. 올케언니는 나보다 딱 두 살이 많았다. 우리 반에서 얌전한 모범생 중의 한 사람이었다. 그녀의 미소는 그때부터 발산한 좋은 표징이었다. 뒤늦게 내가 안 것은 그래도 아버지가 고정적으로 가져오시는 월급으로 도시생활을 했던 우리 집보다 가정경제 형편은 안 좋았던 것 같다.

여고 1학년 때 겨울방학이 끝나자 교실에서 우리 네 명이 모여 수다를 떨고 있는데 담임 선생님이신 조 선생님이 무슨 이야기를 하고 있나 하고 우리에게 오셨다. 그리고는 겨울방학 때 했던 일이 일에 대해 하나하나 물어보셨을 때도 우리 올케언니는 웃기만 하였다. 선생님의 끈질긴 추궁에 언니는 동네 사랑방에 모여 명주실로 매듭짓던 홀치기를 했다고 대답했다. 담임 선생님은 꿀밤을 한 대 날리는 시늉을 하셨다. 선생님은 날 보고는 방학 동안에 많이 컸다고 놀리셨다. 친구들에 비해 워낙에 작았던 나의 체구가 참 안됐던 모양이다.

오빠는 전역 후에 복직한 직장에서 일자리를 접고 부모님이 사시는 김천에 오고 싶다고 반복해서 이야기했다. 맡은 업무가 적성에 안 맞는다면서, 지은지 얼마 안 된 새집으로 세 식구가 서둘러 들어와 살게 되었다. 때마침 아버지의 근무지가 안동으로 변경되어 오빠 가족들의 김천 생활은 자연스러운 자구책이 되었다. 성인이 된 아들이 가족과 함께 어느 날 갑자기 사직서를 내고 들어와 김천 집에서 살겠다고 하니 마음이 어떠하였겠는가?

그 당시 엄마는 걱정하면서도 예쁘게 커 가는 손주들과 같이 생활하는 즐거움도 컸기에 그때 상황으로 보아 다른 선택을 할 처지도 안 되었다. 그러나 겨울방학 연수 때 아버지께서는 갑작스러운 사고로 돌아가셨다. 오빠의 입장이 막막해졌다. 올케언니를 비롯해 조카들과 오빠가 나에게는 너무 소중한 사람들이지만, 내가 다 먹여 살릴 수는 없는 노릇이었다. 그즈음 막내아들은 선택한 전공과목이 적성에 맞지 않는다며 서울대학을 꼭 가고 말테니 딱 한 번 만 재수 시켜 달라고 부모님께 졸라 댈 때였다. 엄마에게 한꺼번에 닥쳐온 암담한 현실은 쉰살 젊은 나이에 감당하기 어려워 보였다. 엄마는 숨을 깊게 쉬면서 아버지의 부재에 힘들어하는 모습을 가끔 보이셨다.

그러한 광경을 보고 나면 친정 식구들의 미래가 걱정되고 마음이 쓰여 나는 밤잠을 설칠 때가 더러 있었다. 친정 식구들 호구지책 방법이 막막했다. 드디어 오빠네 가족이 살고 있던 양옥집 1층의 전세를 빼고 고시 공부하듯 책을 잔뜩 챙겨서 서울로 세 식구는 상경했다. 막내동생도 재수를 포기하고 원래 학과의 2학년으로 진급했다.

학력과 실력을 강조하며 우수자에겐 최우선으로 대접하던 아버지는 석사까지 하겠다는 막내동생을 위해 아무것도 할 수 없었다. 아버지가 다른 세상으로 가셨으니 엄마는 환경재생물 공장에 다니시면서까지 막내의 학비를 대야 했다. 다행히 오빠는 9급 공무원부터 다시 시작하는 행운을 건졌다. 그 행운은 공무원 지방직 수험자격 나이가 그해는 30세였는데 마지노선에 딱 걸린 것이다.

#인생 2막 즐기는 회장님

오빠가 1990년 김천시 공무원으로 임명받았을 때 나의 기쁨은 컸다. 또한 제 아빠를 꼭 빼닮은 나의 조카, 첫사랑 경옥이는 어쩜 그렇게 똑똑하고 깜찍하게 행동하는지 나는 그때 나름대로 친정에서 희망을 보았다. 오빠네 가족은 서울에서 고생하고 김천에 와서는 어느 정도 안정된 생활을 하는 줄 알았는데 주택만 그럴싸하게 컸지, 심한 경제난에 시달렸다고 털어놓았다.

인생은 살아가면서 기쁨도 슬픔도 맛보게 되어있다. 그러므로 이를 올바르게 알고 있을 때 우리는 인생을 안전하게 살아간다. 미국인 시인 브레이크가 말했듯이 우리는 시험 되지 않은 인생을 살아간다. 그래서 인생은 위기가 많은 것 같다.

오빠가 김천시에 임용 5년쯤 지나 1995년도에 시·군 통합이 이뤄졌다. 또 2년쯤 지나 1997년 12월, 나는 본청 전입 시험을 거쳐 다음 해 상반기 정기 인사에서 시청 호적계로 오게 되었다. 오빠는 무슨 일인지 면부로 옮겨야 하는 사태가 벌어졌다. 내 전화를 받는 엄마의 저쪽 회선에선 한숨 소리가 들려왔다. 엄마는 딸의 기쁜 소식보다 아들에게서 온 서운한 소식에 신경이 얼마나 더 쓰이셨을까 하는 생각을 하니 마음이 아팠다. 요즈음에도 오빠 가족을 빼놓고 저녁이라도 한 끼 먹으려면 오빠에게 전화하라고 성화다.

오빠는 조금 일찍 퇴직하여 올케언니와 같이 자두와 포도 농사를 짓고 있다. 오빠는 내가 퇴직한 그다음 해에 조기퇴직 했다. 요즈음에는 올케언니와 동부인하여 아파트 구내에서 탁구를 즐긴다. 회원 중 제일 잘 친다면서 아주 거기에 빠져있다. 올케언니는 더 빠져있다. 나는 이런 분위기가 좋다. 건강을 위해 주 3회 이상 땀에 흠뻑 젖어보고 승리의 쾌감도 가져본다. 이렇게 오빠가 성실하게 가정적인 사람이 되긴 예전 같으면 있을 수 없는 일이다.

이렇게 기적과 같은 일들이 일어나는 것은 올케언니의 미소 띤 입술과 긍정적인 사고방식 때문이라 여겨진다. 입 벌리고 함박웃음 짓는 올케언니가 사실 부럽다. 노후에 새롭게 다가오는 행복의 진실을 언니는 아는가 보다. 결국 우리 올케언니의 팔자소관은 대운이라 하겠다.

제4부

이해와 용서

1. 산넘어 저 언덕에는 무슨 꽃이

#야생화의 매력

 '흘리지마'의 정식 본명은 '이삭여뀌'다. 우리 꽃인 야생화 '이삭여뀌'는 시내 상가 옹기점 한 귀퉁이 항아리를 소담스럽게 덮으며 나의 눈길을 끌었다. 꽃이 만발하기에는 이른 초봄에 완두콩만한 크기의 분홍색으로 열매처럼 몽글몽글 매달려 매력을 발산한다. 우리 집 '흘리지마'는 높은 항아리 주둥이를 덮으며 축축 늘어진 성숙한 자태로 20여 년 전 우리 집 베란다에서 반려화 1위의 반석을 차지했었다.

 꽃은 진분홍으로 시작하여 열흘쯤 후 꽃이 질 때가 되면 연한 진달래색으로 되면서 꽃의 마감을 알린다. 다음날이면 주변에 낱알이 우수수 뽀얗게 타일 위에 떨어져 안타까움을 자아내기도 했다.

 우리 아이들이 초등학교 다니고 있던 시절이었는데 나는 이 야생화의 예명을 어떻게 지을 것인가 우리 가족을 대상으로 공모했다. 그때만 해도 나만 야생화에 빠져있었는지, 나 외에 세 사람은 별 관심이 없어 보였다. 그러나 꽃수가 많다고 하여 '수다'와 엄마의 얼굴처럼 꽃 알맹이가 작다고 하여 '오종종'이 호명되었는데 그 애들이 웃고 떠드는 사이 숟가락 사이 밥풀이 우수수 떨어지는 것이 눈에 띄었다. 그날따라 밥이 되었나 보다.

결과는 그 항아리를 뒤덮은 '이삭여뀌'를 '흘리지마'로 명명하였고 그 후로 십여 년간 우리와 동고동락하며 보기 드문 야생화로서의 예쁨과 정겨움을 내뿜었다. 우리의 꽃 야생화는 각각의 아름다움도 다채롭지만, 그 이름 또한 처음엔 낯설게 불리던 노루귀, 애기똥풀, 며느리밥풀꽃, 금낭화, 새우난, 노랑제비꽃, 알록제비꽃, 둥굴레, 씀바귀조차 향기가 덤으로 있어 득템의 재미가 쏠쏠한 취미다. 또한 지나치지 않게 도도하며 넘치지 않게 아름다운 우리 꽃을 보고 있노라면 은은하게 풍겨오는 향과 앙증맞은 자태는 한몫하여 감탄사가 절로 튀어나온다. 야생화는 야생화다운 자잘한 매력을 가지고 있다.

몇 해 전 어느 초여름날, 언덕 위에 있는 성당 마당 한 편에서 남보라 꽃을 피운 '으아리'를 보고 나는 또 그 꽃의 매력에 빠지고 말았다. 한쪽 구석에 작은 꽃송이를 잉태한 채 목말라하는 남보라 꽃을 가진 이 야생화를 분양받아 베란다의 창문 앞에 세워 두었다. 한여름이 되자 새 식구 '으아리'는 그해 딱 한 송이의 꽃을 피웠다. 비록 한 송이의 꽃이지만 은은한 '으아리'의 기품이 사대부의 안방마님다운 자태를 닮아 그 꽃은 꽃 중의 꽃으로 출중함이 엿보였다.

여덟 잎 중 한 개의 남보라 꽃잎이 벌어지며 피어나자 우리 가족의 느낌으로는 대통령 부인을 닮은 꽃이라며 딸아이 이름을 빌어 '가실이꽃'으로 의미 부여를 한, 내 딸 가실이의 신분을 상승시켜 준 야생화이기도 하다. 그에 걸맞게 '으아리꽃'의 꽃말은 '고결', '아름다운 당신의 마음'이며 이 꽃이 가지고 있는 전설 또한 감동적이다.

#'으아리꽃'의 전설

옛날 중국 상주에 수족이 마비된 사람이 살았는데 그 사람은 이미 십수 년간을 걷지 못하고 있었다. 그리하여 전국의 명의는 다 찾아보고 좋다고 하는 약이란 약은 다 사용해 보았지만, 소용이 없었다. 가족들은 혹시나 하는 마음에 그 사람을 고쳐줄 명의를 만날 수 있을까 하여 환자를 사람이 많이 다니는 어귀에 데려다 놓았다.

그러던 어느 날 신라에서 유학 온 한 스님이 지나가다가 그 환자를 보고 측은한 마음이 들어 환자의 맥을 짚어보고는 가족에게 "이 병에는 단 한 가지 약밖에 없다"고 하며 "이곳에서 약을 구할 수 있을지 모르겠다"고 했다. 그 얘기를 들은 가족들은 신라 승에게 간절히 부탁하여 그 약을 구할 수 있도록 애원하였다. 그리하여 신라 승과 가족들은 모두 산을 뒤졌고 그 약을 찾는데 성공했다.

어머니 주택 화단에 심은 '으아리꽃'.

가족들은 신라 승이 알려 준 대로 그 약을 정성껏 달여 환자에게 먹였다. 그러자 며칠 만에 환자는 병세가 호전되었고 스스로 일어나 걷게 되었다고 한다. 그 뒤 '으아리 뿌리를 달여 먹은 사지마비 환자가 걸어 다닐 수 있도록 완쾌됐다'고 하여 약의 성질이 위엄있고 신선과 같이 영험하다 하여 '위령선'이라고 하였다고도 한다.

#할머니를 닮은 손녀딸

나의 딸 가실이는 분위기며 신중함이 제 친할머니를 많이 닮았다. 닮은 만큼 서로의 심정을 알아 공통점을 많이 이해했다. 시어머니는 지금도 시집간 지 8년 차인 손녀딸을 그리워하며 얼굴이 떠오를 때면 미소를 짓는다. 그리고 이 이야기만큼은 빼놓지 않고 꼭 하신다. 손녀딸 가실이가 할머니인 당신이 미술학원에 처음 데리고 간 날, 설렘 반 두려움 반으로 가슴이 벅찼던 감성을 기억하신다.

손녀딸이 제 할머니를 닮은 것은 당연한 일이고 나는 그것이 싫지 않았다. 70여 년 전 이곳 하빈이씨 가에 시집을 와서 당시 보기 드문 자유 결혼으로 운전병으로 근무했던 군인이셨던 나의 시아버지와의 혼인 생활 50년 되던 해에 혼자되셨다. 근래 맏며느리로 살면서 그 시절의 며느리들이 하는 고생은 다하셨다고 자꾸 반복해서 얘기하신다. 어머니의 시동생이 초등학생으로 시동생들과 얼키고 설킨 전쟁 같은 지난날이 고생스러웠다고 이제는 스스럼없이 얘기하신다.

그 외의 추억들도 실감 나게 얘기하심은 물론이거니와 그 점잖던 분이 과도하게 흥분하시는 것을 자주 볼 수 있다. 코로나 이후 사회의 변화와 거리의 모습들이 마치 당신을 외면하고 홀로 외면당하는 양 많은 부분에서 항상 섭섭해한다. 그래서 그 당시 살아가면서 서운했던 점을 추억할 때면 언성이 높아진다. 고급스러운 서울말로 외쳐댔을 새댁 때의 향수를 부른다.

2. 우리 시어머니

#어머니의 생각

내가 젊을 때의 어머니는 조용하며 보기 드문 미인이셨고, 아들·딸에게 회초리 한번 들지 않고 시부모님까지 정성껏 봉양하신 현모양처였다. 내가 보기에도 어머니의 시아버지께 하신 공손함은 본받을 만했다. 다만 운수업을 하시던 남편의 수입이 불안정해 경제적으로 풍족하지 못했다는 원망은 아버님이 안 계시는 요즈음도 반복되는 어휘 중의 한 가지다.

어머니의 푸념 일부를 들어보면 부모님께 당신께서 하신 만큼의 일각도 누리지 못하심에 억울하시기도 하다. 10여 년 전, 직장인이던 며느리가 파킨슨 진단으로 30년을 다니던 직장을 그만둘 때도 며느리가 앓고 있는 파킨슨병이 어떤 병인가 잘 알지 못하셨고, 지금도 그 외래종 병명을 이해하지 못한다. 이미 고령이 되신 어머니는 며느리의 병이 깊어져 자주 찾아뵙지 못한 것에 서운함이 크셨던가 보다. 어머니는 며느리가 고치지도 못하는 병에 걸려 점차 집안 행사에 참여하지도 않고 소극적으로 대응한다면 서운할 수밖에 없다.

거기다가 했던 이야기를 하루에도 몇 번씩 하시고 또 하시는 것을 보면 조금 아프심의 징후인 것도 같지만 인지 진단 결과에는 이상 없다고 한다. 그러던 어머니가 성치 않은 며느리에게 큰 실수를 하셨다. 십수 년째 파킨슨과 동행하며 울고 싶어도 겨우겨우 참고 있는 며느리의 뺨을 때린 격이 되는 일이 일어났다. '으아리꽃' 건만 해도 그렇다.

8년 전 '으아리꽃'의 주인공인 가실이가 시집가고 나서 화분 갈이 할 때 빈약해진 야생화 '으아리꽃'을 어머니가 사시는 주택 화단에 옮겨 심어 놓은 것은 식물의 생리도 회복시키고 거기에 심어 놓으면 담을 타서 예쁠 것 같아서였다. 다음 해 여름이 되자 그 '으아리꽃'은 기대를 초월하여 사대부집 마님의 모습으로 우아하고 풍성하게 피어올라 보는 이로 하여금 기쁨과 행복을 안겨주었다. 그 꽃은 할머니와 가실이를 연계시킨 우아한 양반집 마님의 모습으로 내 가슴에 충족을 주었다. 그러나 며칠 전 그 '으아리꽃'을 캐낸 흔적이 내 눈에 들어왔다.

삽 자국이 생생한 것이 캐낸 지 얼마 안 되었음이 짐작되었다. 내가 너무 늦게 갔다는 데에 대한 서운함의 표식이었다. 예쁘게 심어 놓고 꽃 보러는 안 오는 며느리가 야속하고 서운해서라는 이유다. 해마다 꽃이 필 때가 되면 반복하시는 말씀을 들었던 것 같지만 설마 했다. 그날 밤 나는 잠을 설쳤고, 이 세상 머무는 시공간 말고 '산 넘어 저 언덕엔 무슨 꽃들이 피어 있을까' 하는 마음으로 산을 넘고 싶었다. 눈물이 흘렀다.

#기적과 같은 사랑은 용서다

어머니는 내가 가지고 있는 파킨슨병에 대해 이해되지 않는 모양이다. 아니 인정할 수 없으신가 보다. 당신께서 큰며느리 적에 하신 역할을 기대하고 며느리 퇴직만을 기다리며 아파트 방 중 하나를 맡아 놓으셨는데…. 더 이상 내 병에 대해 설명할 여력이 없었다. 누가 과연 구순이 넘는 어머니가 이해하실 수 있도록 설명할 수 있을까. 이렇듯 파킨슨으로부터 받는 오해도 피해도 크다. 웃음을 잃어버린 환자들의 특성을 의사들조차 망각하고 자꾸 웃으라 하는데 웃음이 나오지 않는다.

우리 시어머니

서울서 하빈이씨 집으로 시집온 시어머니
스무살에 하빈댁 된 지 72년
육이오 전쟁 끝에
육군 중사 운전병 눈에 들어
김천 아랫장터 지물포 맏며느리 되었네

동네 사람 서울 색시 구경와서 축하하는데
고생은 이때부터다
하빈댁 며느리감 찾으려니

맘에 드는 여식 없어 애가탔다
아따 다행이다
알밤 같은 아가씨를 데려왔다

하빈댁 나이 들어
일흔 다 된 아픈 며느리 앞에서
왜 내가 혼자 살아야 되나 눈물 훔친다

　마음이 울적한 채로 며칠을 보내고 있는데 연로하신 어머니 케어를 위해 서울에서 내려와 계신 시누이께서 카톡으로 으아리 아기 꽃 한 송이를 보내오셨다. 나는 급히 다운로드부터 눌렀다. 작년에 캐낸 으아리 뿌리가 하나 살아남아 새순을 따라 애틋이 꽃이 핀 것이다.

　자연은 기적과 같은 사랑도 추구한다. '용서는 곧 사랑이다. 사랑이 없는 사람은 쉽게 용서하지 못한다. 용서하는 마음은 곧 받아들이는 마음이다'는 어느 철학자가 한 말로 용서는 고결하고 아름다운 사랑 형태의 의미를 지닌다. 사랑이 없는 사람은 쉽게 용서하지 못한다. 그리고 용서는 평화와 행복을 그 보답으로 준다고도 했다. 시어머니의 친정은 서울 토박이로 젊어서 미모가 출중하여 당시 부이사관급 운전병과 연애결혼했다. 두 번의 운수업 도산으로 어려운 살림에 남편을 원망하지만, 첫 번째 소원은 장남과 같이 사는 것이었다. 그러나 며느리의 지병으로 합가하지 못함을 원통해 하며 현재는 방 안에서 생활하고 계신다.

구사일생으로 다시 살아난 '으아리꽃'.

3. 웰다잉(Well-dying)은 존엄한 삶의 완성

#정월 보름날 윷놀이의 깨우침

내 나이가 많아질수록 시간은 화살처럼 더 빠르게 지나간다. 새해를 맞는가 싶으면 바로 또 정월 대보름이라며 부럼 깨기, 오곡찰밥·산나물 무침들이 설날 아침에 먹은 떡국의 아쉬움을 곳곳에 보충해 주는 듯 어디서 자꾸 나온다.

우리 대한민국 엄마들은 가족들의 다양한 주문에 힘들어도 힘들다는 내색 없이 원하는 메뉴를 해내고 마는 가족에 대한 사랑과 성실함이 끝이 없다. 한쪽 다리를 절면서도 가족이 원하면 뒤뚱거리며 다 해낸다. 정월 대보름을 맞아 가족 간, 친구 간에 하는 윷놀이도 참 흥미롭다. 예외로 손주들과 하는 윷놀이는 재미를 더한다. 누구와의 경쟁보다도 치열하다. 어린 경쟁심리로 자신이 지면 울고 만다. 그래야 그때의 윷놀이가 끝이 난다.

오늘은 낮에는 보름 분위기를 타고 놀러 온 탁구동호회 선배들과 오랜만에 윷놀이를 하면서 새로이 받았던 느낌을 담아보려 한다.

거실 한복판에서 윷을 높이 날리며 말판이 그려진 한 장의 윷판을 내려다보면서 우리가 마음대로 할 수 없는 인생의 운명이 윷놀이와 흡사하다는 것을 나는 느꼈다. 윷이 낙하하면서 정해지는 금수저, 은수저의 운명도 끝까지 영화롭지만도 않았다. 거의 승패 종점에 와 있을 때 상대편이 '빽도'를 던져서, 또 갑자기 운도 좋게 쌍으로 임신이 되어서, 달리던 두 개의 말을 잡으면 로또를 맞은 양 언니들의 함성에 집이 떠나갔다.

그러다가도 잘 나가던 윷의 말이 인생의 파고를 만나 '사망'을 짚으면 영락없이 탈락하여 새롭게 다시 시작해야 한다. 나는 오늘 시합에서 왜 그렇게 '개'만 나오던지. 그래서 많이 잡아 먹혔다. 왜 그리 잡아 먹히는지, 맘대로 되지 않았다. 선애 선배는 '모'가 여러 번 나왔다. 그분의 행운이 부러웠다. 그분이 가진 건강한 신체는 물론이고 사고와 웃음소리는 만점 위의 만점이었다. 거기에다 윷놀이까지 잘하다니 참 복도 많다.

윷놀이는 정말 우리네 인생살이와 닮아있음을 느낀 하루였다. 우리가 이 세상에 태어나 험난한 윷판의 운명처럼 생사고락을 겪다가 이 세상을 떠난다는 사실에 우울해진다. 어른이나 아이나, 영리한 사람이거나 우매한 사람이거나, 가난한 사람이거나 부자이거나 죽음에 있어서는 모두 동등함을 갖는다.

#연명치료 시기를 딱 잘라 말할 수 없다

인도의 철학자 오쇼 라즈니쉬는 "어느 땐가 그대가 이 세상에 태어났듯이 언젠가는 다시 이 세상을 떠나게 된다"며 인간

수명의 한계가 평등함을 역설했다. 초고령사회에 접어든 우리나라 노인층의 인구도 상상 이상으로 많아졌다. 바야흐로 장수 시대에 도달했음은 분명하다. 그러나 아파본 경험이 없으면 노인이 되기까지 건강에 대해 별로 심각성을 느끼지 못한다. 무병장수의 기준은 모호하지만, 은퇴자들은 물론 각자 최선을 다해 살아온 끝에 맞이할 죽음직전까지의 삶을 어떻게 살아갈 것인지도 사회적 관심사로 대두되고 있다. 죽음에 이르기까지 평온하고 존엄하게 만약 끝까지 제대로 자기표현을 할 수 있다면 사회적으로 크게 문제 되지 않을 것이다.

하지만 본인이나 가족이 갑작스러운 질병이나 사고를 만났다면 그 순간부터 본인이나 가족이 그들이 존엄사를 할 수 있도록 어떻게 케어할 수 있을까. 또 보살핌을 받을 수 있을까를 고민해 볼 필요가 있음은 당연하다. 그 고민 중에는 간호하는 사람의 정신력 문제의 비중도 감안하여 평소 건강할 때부터 웰다잉(well-dying)에 대해 서로 의견을 나눌 수 있어야 한다고 생각한다. 문제는 연명치료를 바라보는 기준점이 연령대별로 다소 차이가 있을 수 있으니 연명치료 시기를 딱 잘라 말할 수 없는 것이 현실이다.

파킨슨병은 근육이 차츰 굳어져 가는 질병으로 힘이 센 케어사가 옆에 있어야 한다. 질병의 진행 정도도 주치의와 환자와의 진단 견해가 상당히 벌어진다. 환자는 중증을 호소하고 의사는 경증이라 판정한다. 그렇기에 웰다잉의 시기 불문 자기만의 '인생노트' 정도는 하나쯤 있어야 할 것 같다.

#웰다잉을 준비하는 방법

그러면 나는 웰다잉을 어떻게 준비할 것인가. 물론 살아온 시간을 두고 좀 더 진지하게 생각할 수 있는 계기가 될 수 있게 '유언장 작성'이나 '입관 체험'을 들 수 있으나 신중해야 하며 준비할 것은 어떠한 것들이 있는지 알아봤다.

첫째, 의학의 발달을 기대하며 마지막까지 적극적 치료를 원하거나 중단할 것을 원할 때는 '사전연명의료의향서'를 작성해 두거나 미리 등록해 둔다. 둘째, 누군가의 생명을 살리는 '장기기증' 의사도 미리 밝힐 수 있다. 다음은 다른 사람과의 진정한 용서와 화해가 있을 때 죽음을 받아들일 준비가 되었다고 볼 수 있다.

또한 법적으로 효력이 있는 유언과 상속에 관해 미리 생각해 전하고 자산·물건을 정리해 둔다. 장례 관련 준비로 자기 손으로 직접 하는데 의미를 둔다. 부의금 등을 받지 않고, 일부를 불우 이웃을 위해 써달라는 뜻도 의미 있다. 끝으로 사별의 슬픔으로 상을 겪는 사람의 마음을 어루만지고 나누고 위로하는 것이다.

"나의 모든 과업을 끝마쳤을 때는 죽음이 즐거운 여행이 될 것이다"라며 잘 죽기를 찬미한 시인도 있고, 조지 산타야나라는 미국의 철학자는 "자연의 의무를 다한 사람에게는 죽음을 수면과 같이 자연스럽고 환영스럽다"며 웰다잉을 기꺼이 환영하였다. 이렇게 웰다잉을 준비하는 일은 지금 당장 죽자는 것도, 죽는 방법을 연구하는 것도, 죽음을 미리 체험해 보는 것도 아니다.

언제 어떻게 어디서 다가올지 모르는 죽음을 염두 해 지금 여기서 좀 더 충실하게 정성껏 사는 일이다. 결국 잘 죽기 위해서는 후회 없이 잘 살아야 한다. 내가 남의 도움 없이는 아무것도 할 수 없을 때가 되면 미련 없이 이 세상을 떠날 수 있도록, 내가 눈을 감을 때 죽을 만큼 미안한 사람이 없도록 평소에 주변 사람들에게 잘해야 한다. 죽기 전에 꼭 해보고 싶은 일이 있다며 내 수명을 연장하고 싶지 않게 지금 잘살아야 한다. 자 오늘부터 자신의 인생 노트를 만들어 보자.

4. 파트너와 함께하는 건강한 삶

#부부가 같이 맞는 노년기는 축복

미국의 유명한 정치학자 벤자민 프랭클린은 '몸이 비록 자기 것이라 하더라도 건강을 유지한다는 것은 자기 자신에 대한 첫째 의무이며 또 사회에 대한 의무이기도 하다'고 하며 평소 개인별 건강관리의 필요성을 강조했다. 나이가 들수록 골밀도가 약해지고 근육량이 줄어들면서 운동은 필수 의무사항으로, 시니어들은 운동의 중요성을 인식함은 물론 운동은 이미 많은 사람의 일상에서 생활화 되어 가고 있다.

평소 꾸준한 운동을 통해 골밀도와 근육량 유지는 물론 또는 증가시켜야 노년기 삶의 질을 높이고 수명을 연장하는 좋은 결과를 가져올 수 있다. 더욱이 인생의 파트너인 배우자와 같이 즐길 수 있는 운동은 많이 있다.

은퇴 후 부부가 같은 취미를 즐기며 건강을 유지할 수 있다는 것은 큰 행운에 속하며 그리 흔치 않은 일이다. 40~50년의 결혼생활을 하는 동안 서로에게 신뢰가 쌓아져 사랑의 움직임에 흔들리지 않고 영원한 동반자로 살아간다는 사실은 큰 축복이라 할 수 있다. 노년기가 되면 운동만큼 좋은 건강 유지 비결은 없는 것 같다.

우리 아파트에 307호에 사는 한 부부는 탁구를 즐겨 치고 있다. 부인은 항상 날씬한 몸매에 밝은 미소를 띤 채 생글거리는 이미지다. 그녀의 일상생활 중 운동에 투자하는 시간과 노력은 대단하다. 운동은 열성이 없으면 할 수 없을 만큼 적극적이어야 하며 꾸준한 인내가 필요 하다는 것은 다 알고 있는 사실이다. 은퇴 후부터는 부부가 함께 탁구장으로 출근한다. 남편과 짝 맞추어 치는 탁구는 경쾌한 소리를 내며 점점 강한 소리를 만들어 낸다. 그녀의 얼굴은 땀으로 흠뻑 젖어 상기되어 있다.

그녀의 남편 또한 아침에 눈을 뜨면 식사 시간을 제외하고는 특별한 일이 없으면 아내와 탁구장에서 하루를 보낸다. 오전 시간을 협회 탁구장에서 보내고 점심은 노인복지관에서 균형 있는 식사를 한다. 그러면 오후 시간에는 여유 있게 쇼핑도 하고 때에 따라서 탁구 복식 게임에 들어가 지금까지의 승률을 높인다.

물론 지금까지 많은 연습을 통해 쌓아온 시간과 노력으로 얼마나 탄탄하게 은퇴 후의 건강한 취미생활을 위해 준비해 왔겠는가. 건강이 우리에게 얼마나 중요한 요소인가를 실감하는 대목이다. 아무튼 내가 말하고 싶은 것은 반드시 은퇴 준비로 파트너와 같이 할 수 있는 운동을 지금 당장 시작하라는 것이다.

#남편 위주의 아내 삶

 20여 년 전, 김수현 작가가 집필한 '내 남자의 여자'는 SBS 드라마로 당시에 높은 시청률을 갱신하며 등장하는 배우들의 인기까지 끌어 올렸다. 배우 배종옥이 주인공이 되어 절친했던 돌싱 친구(김희애)에게 배신당해 친구와 남편을 다 잃게 되는 시점에 배종옥은 절규한다. 그리곤 친정아버지 송재호를 찾아가 이렇게 대화를 주고받는다. "아버지, 저는 그이에게 결혼 14년 동안 한결같이 최선을 다했어요. 그러나 그이는 제 친구에게 가버렸어요. 저는 억울해요. 아버지." 딸이 힘겹게 후회의 심정을 내비치자, 숨을 길게 내쉰 친정아버지의 멘트가 의외였다. "누가 너더러 그렇게 살라 하더냐. 너를 최우선으로 사랑하며 살지 누가 너더러 그렇게 남편(김상중)과 애들만을 위해서 살라 했더냐"라며 배종옥을 나무랐다.

 그때 내 관점에선 친정아버지의 비장한 의미의 소리를 듣지 못했다. 인생의 방향이 그럴 수도 있겠다는 예측을 전혀 할 수 없는 시절이었으니까. 친정아버지의 매정한 모습에 나 또한 서운해서 눈시울을 붉혔지만, 얼마 전 TV 앞에 앉아 같이 재방송을 보고 있던 우리 아파트 307호 부인은 나와 생각이 다르다고 하였다. 그녀는 "맞아, 나도 그렇게 생각해. 상대가 남편이든 누구든 경쟁의 대열에 당당히 서려면 어떤 면에서든지 자기관리에서 우월한 무언가 있어야지" 하면서 불륜녀의 손을 들어주었다.

딸의 실연을 책망하는 친정아버지 말처럼 오지랖 떨며 상대에게 모든 사랑을 받칠 필요가 없다고 한다면 세상이 너무 삭막하지 않을까? 나는 사랑이 영원할 거라고는 기대하지 않는다. 그래서 대부분의 보통 사람들이 하는 사랑의 변수를 인정할 수밖에 없다. 인생의 후반기, 생활의 안정기에 접어들어야 할 황혼기의 시니어들은 그저 안전사고에 주의하고 생활 속에 가까이 있는 운동기구를 수시로 활용하는 등 건강한 생활을 함으로써 앞에서 프랭클린이 말한 각자에게 맡겨진 의무를 다해야 할 것이다.

앞서 말한 바와 같이 건강을 유지한다는 것은 자기 자신은 물론 가족에 대한 필요충분조건의 의무이며 또 사회에 대한 약속이 되듯이 평소 개인별 건강관리에 갖추어야 함은 필수요건 사항이다. 건강을 지키기 싫은 사람이 어디 있겠는가? 건강의 척도도 사람마다 차이가 있고 노력의 한계도 다 다르다는 것을 알면서도 건강관리가 소홀하다는 명분으로 상대방을 책망하는 것은 바람직하지 못하다.

#부부가 함께하는 운동, 취미, 레저

지금까지 내 곁에서 묵묵히 머물러준 나의 짝꿍과 함께 할 수 운동으로 댄스 스포츠며 파크골프, 탁구, 걷기운동 등이 있다. 이는 집중력 향상과 우울증 예방에도 효과가 크다. 그러나 이러한 운동이 익숙하여 생활이 권태롭다면 산행을 하는 것도 괜찮다.

또 앞으로 100세 시대에 부부가 함께할 날이 많으니 파트너와 같이하는 취미생활로 캠핑을 갔다 오는 것은 어떨지. 캠핑 장비는 하나둘씩 우선 쓸 것부터 장만하면 된다. 맑은 공기와 피톤치드를 아낌없이 마실 수 있는 자연휴양림도 좋고 바다를 헤치고 달려가는 울릉도도 좋다. 부부가 경험하는 휴양림에서는 새삼 자연의 소중함을 깨닫고 캠핑 장에서 만났던 은퇴한 노부부처럼 서로에게 자유를 주고 여유를 즐겨보는 모습도 생각하면 아름답다.

나는 데크 위에 펼쳐놓은 텐트 숙소를 매우 좋아한다. 결혼 후 첫 휴가, 등산을 좋아했던 남편과의 추억도 꽤 괜찮았다. 무주구천동 야영장에 무더운 와중에 텐트 설치를 막 끝냈는데 억수같이 비가 오는 것이었다. 설치를 끝낸 새 텐트에 물이 들어갈까 봐 긴 동굴 텐트 주변에 도랑을 파는 남편은 지금 모습이 아니었다. 비 오는 날, 비의 침투를 막기 위해 청와대 영부인의 안전을 위해 치밀하게 도랑파기를 하는 경호원 중에 한 사람 같았다. 그렇게 비가 많이 내리는 날에도 도랑을 만들어 원활하게 계곡 밑으로 낙차 시켜 물의 범람을 막아 마음 놓고 잠을 잘 수 있었다. 그래서 그때 그 순간부터 '그때 그 사람은 못 하는 것 없는 사람'으로 알고 40년 넘게 함께 살고 있다.

5. 시니어들의 안식처

#실버타운

시니어들이 은퇴 이후 거주할 공간과 시간은 우리가 생각하는 것만큼 충분하거나 만족스럽지만은 않다. 30여 년 전, 내가 30대 새댁이었을 때에도 전국 불문하여 실버세대를 위한 산업이 우후죽순 생겨났고 그로 인한 부작용 등으로 사기 행각이 사회적 이슈로 떠오른 적이 있다.

시골 마을 산 좋고 물 좋은 골짜기 입구에는 은퇴 마을이 그림처럼 평화롭게 그려진 조감도가 세워져 있고, 건설 현장에서는 커다란 바위를 이용한 조경 사업 등으로 기반 다지기가 시끄럽고 진지하게 울려 아름답고 안락한 노후를 보장받으리라 기대하였다. 그때만 해도 3대가 같이 사는 가정이 어느 정도 있었고, 같이 살지 않더라도 부모님 댁과 멀지 않은 곳에서 세대 간 서로 돌보며 살았다.

바로 그 전 만해도 대가족 제도하에 한국 전통 풍속을 고수하며 살아갈 때였지만, 부모님이 은퇴 이후 미리 준비해 놓은 안식처에서 두 분이 편안한 노년기를 보내는 것을 양 세대 모두 반대할 이유가 없었을 것이다. 1990년대 내가 잘 아는 어느 지역 관내에도 시니어들의 안식처인 실버타운이 조성되고 있었다. 고즈넉이 자연 그대로 조성된 그리 크지도 그렇다고 작지도 않은 크기의 호수를 건물 뒤편에 두고 햇빛 쏟아지는 남쪽에는 실버타운, 요양원, 요양병원 시설이 3단계로 연계되어 체계적인 시스템으로 운영된다고 했다. 그러한 과정을 지켜보면서 나와 친구들은 나중에 우리도 그 실버타운에 같이 가자며 농담 아닌 진담을 하곤 했다.

그러나 수요자가 너무 많아 그때나 요즘에나 신청해 놓고 수개월 또는 1년 넘게 기다려야 한다고 한다. 이용가격도 보증금에 월 식비를 더하면 비용이 만만치 않다고 해서 알아본 적이 있다. 지방 도시 시골의 전원형 경우 보증금 1억 원에 월 생활비 100만 원 정도 부담해야 한다. 물론 서울 근교 수도권의 리조트형 고급실버타운은 보증금 5억 원에 월 생활비 200만 원대 이상도 있다고 한다. 다양한 가격대와 위치를 등을 놓고 가지고 있는 경제력과 선호도를 고려해 최적의 장소를 찾는 지혜는 당연하다.

내가 실버타운을 알아보던 때는 거기서 제한하는 나이 60세 이상 조건에 해당되지도 않았다. 5년 이상을 기다려야 나이 기준 입주 요건 된다는 말이었다. 그 당시에는 나도 경증 환자였기 때문에 입주가 가능하다고 생각했었다. 혼자 생활이 어려울 경우 건강한 배우자와 동반 입주 조건이 있었다. 단독 입주일 경우 가족의 동의서와 감염 관련 건강진단서를 제출해야 한다.

그로부터 벌써 10년이 지났다. 호수를 끼고 있고 아늑한 마을 한쪽에 빨간 벽돌의 5층으로 된 전원형 연립주택에서 모습은 아직도 그림처럼 아름다웠다. 그러나 골짜기 시골이기에 즐길만한 문화시설이 부족한 것이 문제였다. 동네 한 바퀴 도는 것으로 생활이 어느 정도 안정과 만족감을 충족시킬지도 장담할 수 없다. 얼마 전 만난 선배 두 분 모두 위의 실버타운에 입소한다고 장담하였다. 물론 현재 연금을 받으며 별 경제적 부족함 없이 생활해 나가고 있지만, 그녀들은 하나같이 일흔 살이 넘은 배우자들의 건강을 염려한다. 나중에 사별 후 혼자 짝꿍 잃은 외기러기가 되면 실버타운을 이용할 생각인가 보다. 그러나 배우자가 있지만 건강 상태로 보아 지금 시점에서 입소함이 적당하다.

우리 시니어들은 대부분은 본인의 나이를 망각한 채 살아간다. 나이 일흔에 실버타운 들어간다는 것을 너무 빠르다고 생각하여 미리 준비하지 못하여 수개월씩 기다리는 불편을 겪기도 하지만 세심한 계획 없이 실버타운에 입주하기는 쉽지 않다. 그리고 내가 가본 그곳은 방 하나의 원룸 모형으로 실내공간이 좁아 조금 불편할 수 있으며 조용한 전원형으로 편리한 교통시설이나 시장성이 부족한 단점이 있다.

실버타운의 정식명칭은 '노인복지주택'으로 정부 지원 없이 민간자본으로 운영되고 있는 곳도 있으나 일반 주택처럼 사거나 임대로 입주할 수는 없다. 실버타운은 시설 수준에 따라 보증금과 월 생활비를 잘 따져보아야 한다. 월 생활비는 매월 납부하는 것으로 시설이용료, 월 관리비, 의무식대, 공과금, 프로그램사용료 등을 포함한다.

실버타운 가까운 곳에 대형병원 응급실 유무도 알아두어 노인성 질환으로 응급사항 발생 시 바로 대처할 수 있어야 한다. 실버타운의 시설 운영 주체가 경제적으로 든든한가도 따져보아야 하며 임대보증금 반환보장을 위해 '전세권 설정'도 해야만 한다. 그 외에도 금전 관련하여 사회의 노련한 사기를 당하는 일이 없도록 조심해야 한다.

#인생을 소신껏 살자

우리 인간이 은퇴 이후 노년기를 꼼꼼하게 설계하는 이유는 나이 들어서도 독립적이고 자유롭게 살면서 자존감을 유지하고 싶어서 일 것이다. 은퇴를 준비하고 아니면 은퇴를 한 분들을 위해 인사이트를 주고 경험을 토대로 한 책들이 많이 나와 있다. 나는 이 기회에 노년기 은퇴자들이 선호하는 실버타운에 대한 사전지식을 공유하고자 하였다.

준비된 은퇴는 제2의 생의 시작이 있는 계기가 될 신나는 파노라마가 될 수 있음에 미리 계획하고 준비해야 한다. 은발의 고위 직급 직장인들에게 은퇴 후의 계획을 들어보면 희망

사항이 다양하다. 어떤 이는 부모님께 상속받은 농지를 개간해 농사를 짓겠다, 크리스천 과장님은 신앙생활을 통해 봉사활동을 열심히 해보겠다, 교환실의 장 언니는 자녀의 사회적 참여를 돕기 위해 손자를 키워 주겠다는 등의 포부도 좋다. 이런 것들은 근무 중에 남은 열정에서 이어진 것이라 본다.

그러나 노년기가 되면 우리 신체도 하루가 다르게 쇠약해진다고 한다. 건강한 삶을 살아가기 위해선 균형 있는 식생활과 규칙적인 운동으로 자신의 건강관리에도 매진해야 한다. 자기 자신을 사랑하는 것만큼 중요한 것은 세상엔 없다. 미국의 저널리스트 크리스토퍼 몰리는 '인생을 소신껏 살 수 있는 것이야말로 진정한 성공이다'라고 말했다. 한번 사는 우리 인생, 돌아올 수 없는 편도 행을 아름다운 노년기를 위해 우리는 미리 안식처를 준비할 필요가 있다.

6. 땅 부자

#할아버지의 팔순 잔치

해마다 초파일을 기점으로 면사무소의 '산불 예방' 활동은 참여 인원 및 활동 범위를 줄이며 전 직원 비상근무가 마무리되어 간다. 우리면 직원들의 마음은 그때가 되면 날아갈 듯이 가벼워진다. 그러나 외근으로 밀린 업무로 또 야근을 한다. 금방 여덟 시가 되었지만, 밖은 대낮같이 밝다. 벌써 여름이 성큼 다가와 있다.

첫아이가 태어난 지 6개월쯤 되었을 때라 근무 중에도 아이의 얼굴이 삼삼하게 생각나서 당장 달려가고 싶을 때도 있었다. 하루 종일 손자 아기만 쳐다봐도 또 보고 싶은 시어머니는 '어미가 올 때가 됐지' 하며 아이를 등에 업고 골목길에 나와 서서 손자와 같은 방향을 보며 나를 기다리셨다. 멀리서 내가 보이면 아이는 두 팔을 올리고 포대기 안에서 좋다고 펄쩍펄쩍 뛰며 엄마를 온몸으로 환영해 주었다. 그러나 엄마가 온다는 기대감에 가득 차 있는데 나와 비슷한 옆집 이모라면 그만 '으앙' 하고 울어버리는 바람에 아이의 할머니는 비지땀을 줄줄 흘렸다고 한다.

아기가 태어난 후로 좋았던 집안 분위기가 왠지 차가운 기류가 흐르고 있었다. 그날은 집 대문을 열고 들어와도 방을 다 둘러봐도 어머니와 아이가 보이지 않았다. 나는 얼른 쌀바가지에 쌀을 담아 씻은 후 밥솥에 밥을 안쳤다. 냉장고에 국거리를 찾는데 마침 할아버지가 비름나물을 뜯어 오셨다. 할아버지 모습은 배가 고프신지 아침보다 얼굴이 핼쑥해 보였다.

올봄에 우리 집에서 고성산 쪽으로 큰 언덕을 낀 공터에 예쁜 연립주택이 들어섰다. 주변에는 건물을 짓고 남은 자투리 땅을 먼저 본 사람이 개간하여 야채나 호박·나물을 키워 반찬으로 해 먹었다. 그중에 우리 시할아버지도 한 자락 맡아 골을 타고 경계선을 따라 줄을 쳐 놓으셨다고 한다. 주로 옥수수를 심어 수염을 떼어내고 깨끗하게 다듬어 오셨는데 옥수수 크기는 작은데 이미 딱딱해진 옥수수알이라 한두 개가 될지라도 압력밥솥에 푹 삶아야 했다. 가끔은 호박도 한 개씩 가져오곤 하셨다. 그런데 오늘은 참비름 나물을 뜯어와서 "통깨 넣고 팍팍 주물러 무쳐라"고 하시며 마루에 한 움큼 던져놓고 방으로 들어가시는 것이었다.

밥을 빨리 준비하여 평소처럼 할아버지 밥상을 따로 차려 갖다 드렸다. 어머니는 그제야 아이를 업고 집에 엄마 있다며 아이를 등에서 내려놓았다. 그리고는 할아버지 방문을 열어보고 눈치를 살피는 것 같았다. 이 평온한 집안에 무슨 일이 있었나? 불길한 생각과 나의 삶의 현장이 무너지는 기분이었다.

할아버지 밥상이 이만큼 밀쳐져 있었다. 밥그릇에는 내가 퇴근하여 금방 한 밥이 줄지도 않은 채 식어가고 있었다. 참기름을 듬뿍 넣은 비름나물은 윤기가 말라 식미를 감하고 있었다.

분명 두 분이 밀당 자세로 소리는 한마디도 내지 않으셨다. 어머니는 할아버지께 공손하셨다. 할아버지는 아들이 서울에서 며느리감이라며 데리고 왔을 때 어머니 말씀에 의하면 좋아서 어쩔 줄을 모르셨고 십 년 전 혼자 되셨어도 별다른 외로움 표식 없이 손자들을 무릎에 앉혀 스킨십을 하는 등 평온한 가정을 이끌어 가셨다고 한다.

할아버지는 그날 밤, 소화가 잘 안되어 저녁을 한번 걸러 보겠다며 일찍 형광등을 끄고 주무실 준비를 하셨다. 어머니가 할아버지를 잘 따르고 서울말로 "아버님 진지 드세요"라는 말을 제일 많이 하는데 무엇 때문에 며느리를 다시는 안 볼 것처럼 토라진 것일까? 잠이 오질 않았다. 이 판국에 아버님은 밤 열 시가 되어 가는데 아직 집에 오지 않으셨다.

나는 소리를 죽여 어머니가 계신 안방으로 건너갔다. 처음엔 어머니도 며느리에게 이 말을 해야 하나 말아야 하나 망설이는 듯하더니 "별일 아니다. 괜찮다"만 반복하셨다. 내 얼굴이 불길한 추측으로 굳어지자 어머니는 서서히 당신이 돈복이 없음을 한탄조로 말하였다. 믿거나 말거나 젊어서는 돈에 그리 구애받지 않으셨다는 얘기도 하셨다. 그리고는 무조건

너희들 대에 가서는 돈을 많이 벌어야 한다며 지난날의 서러움을 애써 달랬다.

나는 감이 왔다. 돈이 잘 회전되지 않고 있구나라고 생각하는데 어머니는 내 귀 가까이에 대고 "아, 글쎄 느이 할아버지가 우리 집 사정을 누구보다도 잘 아시면서 열흘 후 있는 할아버지 생신에 손님을 초대하는 팔순 잔치를 해달라신다. 친구 손님이나 적기나 하신가, 원…." "팔순 잔치를 어떻게 하면 되는데요?" 나는 대수롭지 않게 어머니께 여쭈어보았다.

어머니는 화들짝 밝은 얼굴로 할아버지께 들은 대로 내게 불러주었다. 잔치에 초대 대상은 과거에 남산공원 경로당에서 장구로 추임새를 넣어가며 시조를 노래하던 친구들과 현재 새로 이사 온 후 신설되어 할아버지가 회장으로 되어있는 경로당 회원을 전부로 한다며 우리 가족들을 포함해서 약 50~60명 정도다. 소고기국밥, 막걸리, 부드러운 찹쌀로 만든 인절미, 수박, 참외 등 과일을 차리면 30만 원은 되겠다는 계산이 나왔다.

신혼인 우리의 사정도 빠듯했다. 당시 9급 공무원 3호봉 월급이 약 15만 원 정도였으니 둘이 받는 월급 한 달 치 전부가 필요했다. 그러나 그도 그리할 수 없는 것이 은행에 넣고 있던 재형저축은 어쩌고 우리 아이 분유는 또 어떻게 대체해야 하나하고 당장 계획을 취소하고 싶었다. 당초 불가능한 계획이었다. 그러나 내 생각에는 꼭 해야만 하는 주요 행사였다. 시간도 넉넉지 않아 가부간 결정을 서둘러야 하는데 앞이 막막했다. 미리 그 항목을 정해 형제간에 십시일반 거두던지 사전에 상조회라도 가입하여 팔순, 구순 잔치를 해야 경비 걱정을 안 하는데 우리 형편에는 그 정도로 하기란 어려웠다.

　다음날 다시 어머니와 나는 둘이서 하는 심각한 회의를 했다. 그리고는 최소한의 경비를 써서 최대한 효과를 내자며 효율적인 잔치 준비를 시작했다. 우선 자금조달은 내가 가지고 있는 BC카드의 대출한도액 30만 원을 인출했다. 행사장소는 지은 지 얼마 안 된 구성면에 있는 하빈이씨 제실로 정해졌다. 그 제실 규모는 작지만 탄탄하고 아름다웠다.

　행사 며칠 앞두고 제실 청소며 사전점검이 남자들의 수고로 이루어졌고 당일은 날이 더워 얼음 등을 준비해서 식중독에서 안전하게 식품을 다루는데 주력했다. 팔순 잔치 광경을 나는 처음 본 듯 넋이 빠진 듯 빨려들어 갔다. 장구의 추임새로 시작하는 '청산리 벽계수야 수이 감을 자랑마라'로 시작하는 노인들의 시조놀이는 그날 백미를 이루었다. 정말 남산공원 정자 누각에서 향유를 즐기시는 어르신들 문화 수준을 알게 한 할아버지 팔순 잔치였다.

　기대 이상의 잔치를 준비했고 즐긴 것에 대한 만족감은 가족들에게도 컸다. 대구 작은댁에서 주신 두툼한 봉투는 경비에 도움이 되었지만 이미 저질러진 30만 원 인출 사건 해결은 예상외로 오래 갔다. 제일 주요한 것은 그날의 주인공인 할아버지의 행복도였다. 할아버지는 그날 확실히 행복하셨다. 목소리도 크지 않으신 분이 기쁨을 맘껏 표현하셨다. 이날 이후 시할아버지의 손부에 대한 내리사랑이 시작되지 않았는가 감히 착각해 본다. 할아버지는 며칠간 말씀이 없으셨다. 눈이 선하시고 미소만이 가득했다.

#할아버지의 선물

어느 날 저녁, 어머니와 나를 부르시더니 갖고 계시던 누런 봉투를 나에게 건네주셨다. 나는 또 무엇을 원하시는 것일까. 속으로 걱정하며 문종이 같은 것을 꺼내 들었다. 땅문서였다. 나이가 많으니 이제 너희들에게 넘겨줄 때가 되었다고 하시며 증여로 하던지 뭐 좀 알아보고 이전등기를 하라고 진지하게 말씀하셨다. 나는 갑자기 방안이 환해지는 불빛을 느끼며 짧은 시간에 일어난 경제적 혼동을 경험했다.

웬 떡이란 말인가! 나는 그날 할아버지께서 등기 이전해 주신 오늘의 땅은 인근 면에 있으며 지목이 대지라는 것을 알았다. 그 땅은 산 아래 동네 가운데에 있다고 했다. 나중에 너희들이 집 짓고 살아도 좋을 만한 위치로 지금은 약간의 도지(賭地)를 받고 있다고 해서 기대를 걸었었다. 그러나 그 후 우리가 현지에 가서 파악해 보니 그 땅은 대지 등기만 할아버지 앞으로 되어있어서 손자인 남편과 시동생이 3대 1의 비율로 등기이전을 하였다. 그다음 그 땅 위에 있는 건축물은 현재 점유하고 있는 사람들이 집을 지어 건축물대장을 자기들 앞으로 등기해 복잡한 상태이다. 그래도 나는 땅 부자다.

7. 숙이 씨

#폭염 속에서 위급상태

지난 금요일 오전에 있었던 일이다. 유난히 덥던 폭염 속에서도 빈 통장의 통장정리며 은행 볼일을 보려니 마음이 쿵쾅거리기 시작했다. 빨리 서두르지 않으면 오늘도 불타는 태양으로 대지가 뜨거워져서 바깥의 정리를 또 다음으로 미루는 수가 있었다. 집에는 아무도 없고 이것이 가장 빠른 방법 인양 속옷까지 마저 갈아입고 외출준비를 서둘렀다. 그런데 현관에서 누가 벨을 누르는 모양이었다.

인터폰을 쳐다보니 앞에 아무도 없었다. 당연히 종전처럼 우유 아줌마 숙이 씨가 우유를 현관문 손잡이에 걸어놓고 갔으려니 하고 하던 일을 계속했다. 요즈음에 얼굴이 축나서 얼굴에 신경을 좀 더 써야겠다고 생각하며 볼 따귀를 바쁘게 두드리고 있었다. 그러자 갑자기 스마트 폰이 울려댔다. 스마트 폰 화면에는 숙이 씨의 이름이 뜨고 다급한 목소리로 "언니, 언니, 언니"를 부르고 있었다. 작은 문구멍으로 내다보니 숙이 씨 같아 보이는 여성이 현관 문고리에 매달린 채로 구원을 요청하고 있었다. 문을 여니 어지럽다면서 다행히 머리를 들고 애원하듯 간절히 "언니"를 부르는 모습이 눈에 들어왔다.

어머나, 열어준 현관문으로 숙이 씨가 몸을 땅에 기대어 엉금엉금 기어들어 오는 광경을 보았다. 평소 마케팅 분야의 일원이던 숙이 씨와 소비자이면서 고객 대우를 받는 나는 대응 관계였지만 숙이 씨의 눈을 보니 눈물이 났다. 우리 아파트 엘리베이터를 내려가는데 갑자기 현기증이 나면서 자신도 모르게 쓰러질 찰라였던 것이다.

그래서 엉겁결에 9층을 눌러 나에게 구조요청을 했는데 자연스럽게 그녀를 안으로 끌어 거실에 눕혀야 하겠는데 무게를 감당치 못하였다. 근근이 그녀를 도와 거실 가운데로 자리를 잡았다. 그녀의 안정된 숨 고르기를 위해 쿠션을 가져와 편한 자세로 눕게 했다. 그러나 멋쟁이 청바지가 흠뻑 흘린 땀으로 허벅지를 압박했고 꽉 조이는 속옷이 골반뼈까지 꼬집는 듯한 통증이 있다고 해서 나는 아래 속옷도 다 벗겼다. 그리고 땀에 젖어 물까지 줄줄 흐르는 것 같은 윗도리 속옷과 비싼 돈을 주고 산 지 얼마 되지 않았다는 남방도 벗겨 베란다에 전시하듯 널어놨다.

그다음으로 내가 즐겨 입던 커다란 아사면 속치마를 가져다 입혔다. 잠시 후에 숙이 씨의 숨소리는 고르게 퍼져 나왔고 몇 번이고 감사하다는 말을 힘없이 반복했다. 나는 주님께 감사한 마음을 갖고 무심코 그녀를 바라보니 숙이 씨가 바로 예수님이었다. 내 마음이 행복하기가 그지없었다. 그 몇 분간의 숨이 멎을듯한 위급함과 침착한 기다림 끝에 찾아온 행복은 나의 그동안 신앙생활의 결과로 나와 예수님과의 만남을 믿고 숙이 씨는 나를 믿는 아주 귀한 앙상불이 되었다.

숙이 씨는 내가 수지침을 배웠다는 것을 아는 것처럼 수지침을 손에 놓아달라고 했다. 그 이상으로 원하는 바를 바로바로 요구했다. 나는 그러는 숙이 씨가 밉지 않았다. 지병으로 빈혈이 있다고도 했다. 나는 그녀가 이곳을 나가서 제일 먼저 가야 할 곳은 병원이라고 했고 나는 숙이 씨로부터 그렇게 하겠다고 다짐받았다.

숙이 씨를 안정시킨 후 마침 이온 음료가 있어 얼음을 조금 넣고 빨대를 꼽아 주니 엎드려서도 단박에 마셨다. 조금 있으니 혈액과 어울려져서인지 얼굴에 화기가 돌아왔다. 나는 기뻤다. 내가 해냈다. 누구를 위해 내가 이렇게 정성을 다해 보살펴 준 적이 있는가. 이후부터는 만인을 사랑할 수 있을 것 같은 용기가 생겼다.

두세 시간의 안정과 휴식을 취하고 나자 그녀는 여유가 생겨 가지고 있던 애로사항에 대해 이야기했다. 바쁜 마음을 접고 숙이 씨의 이야기에 경청하고 있는 지금 이렇게 행복한 마음을 빼앗길까 염려까지 되었다. 그쯤에 숙이 씨는 회사의 상사로부터 전화를 받고 오늘의 발생상황을 전화로 보고하는 것 같았다.

#'사랑'으로 회복하다

차차 숙이 씨는 회복되는 기색이 보였다. 그러자 나는 그녀에게 같이 점심을 하자고 권했고 그녀는 없는 반찬에도 공깃밥을 더 달라하여 물김치하고 다 먹어 줘서 고마웠다. 내가 올여름 더 불편해진 몸으로 폭염 속 열사병에서 극히 위험했던 한사람에게 생명과 관련된 부분에 도움이 되어 다섯 시간 만에 회복시킨 일은 내가 태어나서부터 잘한 일 중에 아주 잘한 일이었다. 주변에서는 응급차 호출이 우선이라고 말했지만, 그 상태에서는 브래지어 끈을 풀어주는 일이 먼저였다고 지금도 생각한다.

내가 힘이 모자라 심폐소생술도 할 수 없는 형편으로 응급조치를 한다는 것은 무리다. 꺼져가는 심장을 골든 타임 안에 119가 와서 들것에 실려 회생한다는 보장도 없지 않은가? 나는 급할 때, 절망스러울 때 환자의 심정을 잘 알고 있다. 비록 미련스러울 정도로 해답이 없는 파킨슨과 투병 생활을 오랜 기간 해왔다. 그렇지만 파킨슨이 내게 가까이 오지 않았다면 몰랐을 것이다. 그냥 당연히 잘못되면 얼마만큼 책임져야 하느냐는 계산에서 빠져나올 수 없었을 것이다.

책임 전도의 차원이 아닌 순전한 우리 인간들이 말하는 '사랑'이 어떤 것인지 알게 해준 진한 체험이었다. 내가 해야 하겠다는 나의 확신과 숙이 씨의 나에 대한 믿음이 없었다면 답이 안 나왔을 수 있고 아직도 헤매고 있을지도 모른다. 결국 우리 인생에서 만난 기적 같은 선물은 '사랑'이었다. 다섯 시간 동안 정규적인 이론의 응급조치가 이루어지지는 못했지만, 목숨을 걸고 정성껏 바친 나의 행동 결과에 나는 후회하지 않는다. 단지 내가 일부나마 사랑으로 인간에게 할 도리를 다 할 수 있었던 것은 파킨슨이 내게 가져다준 진정한 의미 '사랑'이었음이 분명하다.

8. 내가 이 책을 쓰는 이유

#책을 만들다가 내 모습을 보다

 벌써 5년 전의 일이다. 평소 독서를 많이 하는 장 언니는 정년퇴직한 후 도서관을 이용해 책 읽기 하는 날이 늘어났다. 책을 읽지 않는 날이면 집 가까이 강변공원 쪽에서 운동기구를 이용해 몸을 단련시키며 모처럼의 여유를 즐기는 건강한 시니어로 거듭나는 중이었다.

 그렇게 조용하고 담담히 살아가는 일상을 깨고 햇살이 유달리 따뜻했던 바로 그날, 장 언니는 내게 와서 "지금까지의 삶 중 가장 즐거웠던 순간들을 그림으로 그리고 싶어서 미란 씨에게 오게 됐다"고 말했다. 그 말은, 즉 오늘부터 시작하는 도서관의 주관 '내 인생이 담긴 그림책 만들기' 프로그램에 나와 함께 그 수업에 가고 싶어 서둘러 왔다는 것이다.

 언니 덕분에 내 인생이 담긴 그림책 만들기 전문 지도 강사님의 첫 시간 강의를 듣고 나는 얼마나 큰 설렘을 느꼈는지 모른다. 집으로 돌아오는 나의 가슴에는 새바람이 일어나기 시작한 것이다. 그 프로그램은 참신한 소재도 있어야 하고, 섬세한 그림 솜씨도 있어야 될 것 같았다. 그러나 이따금 지병인 파킨슨으로 인해 손이 떨리기는 하였지만, 그림과 함께 내 인생을 대변하는 내 이야기가 들어간다는 것이 새로운 기대감을 가져다주었다. 아, 내가 아직 하고자 하는 욕구와 감각이 살아 있었구나. 다행이다.

하루 중 수업 시간을 감안해 파킨슨약을 조절해서 먹었지만, 레보도파 약효가 짧아진 날은 그림 그리고 색칠할 때 오른손이 표시 나게 떨릴 때도 있었다. 그럴 때면 당황한 나는 약 복용 시간이 안 되었어도 약을 추가로 먹기도 했다. 그러나 그림그리기와 해설 내용을 알기 위해 선생님께 집중할 때면 90분 수업이 금방 지나갔고, 신기할 만큼 기분이 유쾌해졌다. 중

나의 그림책 《하늘을 나는 제비처럼》.

간쯤 진도가 나갔을 때 정 강사님이 내게 하신 딱 한 마디는 "저는 정말 이런 데서 가르치는 보람을 느낀답니다"였다. 내가 선생님이 기대한 방향으로 잘했다는 얘기일 것이다.

그날은 나도 기쁘고 흥분되는 참 좋은 하루였다. 내가 만든 그림책 《하늘을 나는 제비처럼》은 '자식에게 고기를 잡아다 먹여주지 말고, 고기 잡는 법을 가르치라'는 자녀 훈육에 관한 교훈이 책에 담겨 있었는데 많은 사람의 호응을 얻어 20권을 추가로 인쇄하여 나눠드린 적이 있다. 고맙게도 내 그림책을 응원하는 사람에게 한 권씩 주고 싶었다. 그제야 천천히 나의 인생을 돌아보니 책에서도 나는 가족을 위해서 열심히 노력하는 건강한 실제 모습이 생기있게 묘사되고 있었다. 정말 오랜만에 볼 수 있었던 아름다운 나의 모습이었다.

그날 그림책 한 권이 나의 십 년 넘게 그늘진 생활 속에서 반전을 가져와 눈부시게 밝은 생활의 기반이 되어 편도행(片道行)뿐인 인생을 고치며 살아올 수 있었던 것은, 누가 봐도 하늘이 내게 주신 선물 덕분일 것이다. 그 무렵에 나에게는 꾸준한 운동이 필요하다며 탁구동호회에 대신 등록해 주신 배려 깊은 최 소장님도 나에게 보내주신 선물 중의 한 분이라는 생각도 든다.

내가 글을 쓴다는 말에 대해 병에 걸린 아픔을 경험하지 못한 혹자는 말할지도 모른다. '억척 떨지 말고 지병 관리나 잘

하라'고. '그 시간에 차라리 운동하라'는 충고도 나를 생각해서 하는 말씀이다. 그러나 하루 종일 운동만 할 수도 없지 않은가. 아무튼 몇 년 전 그림책을 만드는 것을 계기로, 어려웠지만 이렇게 세상에 다시 서게 되었다. 그리고 또 몇 년이 지나자 내가 살아온 이야기를 지면을 통해 기억해 보려는 용기가 생겼다. 지난날의 고백을 쓰는 과정에서 자성의 자세는 스스로를 정화하며 성찰의 기회가 될 것이다.

#잊히는 나의 인생

주관적인 관점에서 그동안 나름대로 근면 성실하게 살아왔다는 직장과 일상에서의 생활을 이면인 객관적인 관점에서 나의 삶을 돌아보고 싶었다. 그래서 놀랍게도 나만의 자서전, 수필이자 자성의 반성문 등 다양한 장르가 될 글쓰기를 하기로 하였다. 본인만의 강점을 주장하는 편중성을 조정하여 상호주관성이 있다면 더 좋았겠지만, 이 지인들을 포함한 우리 가족조차도 구체적으로 미리 말하기 전에는 나를 잘 알 수도 없을뿐더러 내가 일일이 설명할 수도 없었다.

나의 객관적 관점에서는 솔직함 위주로 이야기하고 싶었다. 기억의 탐구는 본인도 몰랐던 가치관들을 객관적으로 판단해 보는 기회가 되어 삶을 한 번 뒤돌아보게 하였다. 뒤돌아보는 동안 때론 마음이 아프기도 하였다. 아주 많이 아플 땐 가슴까지 아팠다. 내가 쓴 책을 통해 진정한 가족의 의미와 인간과의 사랑을 이해하고 향후 우리 네 명의 손주들에게서 어렴풋이 할머니의 모습을 짐작할 수 있다면, 할머니 가슴에 남아 있는 손주들에 대한 사랑은 그들에게 따뜻함 그대로 전해지리라 기대도 해본다.

또 의리를 바탕으로 수십 년 우정을 논하던 친구들의 마음속 깊숙이 들어 있었던 두터운 사랑도 나만의 주관적인 인식으로나마 확인하고 싶었다. 왜 그땐 그렇게 깔깔거렸는지에 대한 의미 정도는 기억하고 나누고 싶은 주제들이다. 그 외 생활 속 일어났던 크고 작은 에피소드들은 성격상 세심함의 일각으로 잘하려던 것들의 잔해로 인정하여 '그럴 수도 있지' 하고 공감해 준다면 짧은 사이 지나버린 은퇴 후 멈춰있던 십수 년의 세월의 무게는 조금 더 가벼워질 듯하다.

#인생은 바쁘고 소중하다

은퇴 후 자꾸 숨는 나를 세상으로 나오도록 굳게 붙들어 주신 선배님이 계신다. '대한민국 서예대전 초대작가' 정심 윤분옥 선배님으로 붓의 가벼운 터치로 가냘픈 선을 그리시며 거친 붓의 놀림으로 강인한 난의 절개를 멋지게 표현하셔서 나를 매료시킨 분이다. 앞당겨 퇴직하고 집안에서만 운둔 아닌 소극적인 생활 속으로 길들여 있을 때 여러 선배님들이 나를 다시 밖으로 나올 수 있게 용기와 응원을 보내주었다.

우리 시 소속 퇴직 여성 공무원들의 격월 모임인 '김천시 여성공무원 동우회' 회장이셨던 윤분옥 선배님을 만난 것도 몇 년 전 무더운 여름이었다. 감사하게도 무의식중에 축 처져 있을 나의 어깨를 토닥여 주시며 당신 작품 전시회 때 제작한 카탈로그를 내 손에 쥐어 주셨다. 거기에는 지금까지 내가 눈길을 주지 못했던 사군자를 비롯하여 깔끔한 터치로 그려진 도요 찻잔에 앙증스러운 그림이 있었다. 문인화가 그려진 화폭에서 눈을 뗄 수 없었다. 아하, 그런데 나는 왜 이러고 있나.

집으로 돌아오는 짧은 시간에 나는 많은 생각을 하게 되었다. 퇴직 이후 적지 않은 시간이 나에게 주어졌는데 그동안의 소중한 하루하루를 무엇을 위해 살아왔나. 벽에 달린 달력을 보며 매일 무슨 생각을 했는가. 나의 몸만큼 무겁게 느끼며 기회만 되면 편안한 자리를 찾아 눕고 싶어 했다. 길을 가다가도 앉고 싶으면 앉을 자리 찾아 앉아버리고, 눕고 싶으면 발걸음을 재촉하여 집으로 달려와 항상 바닥에 깔린 매트에 누워버리는 날들이었지만, 뒤돌아 갈 수 없는 인생길이기에 그나마도 나에게는 소중했던 나만의 추억들이 존재한다.

더 세월이 흘러 손이 뻑뻑해져 더 이상 마음대로 손바닥을 쥐고 펼 수 없게 되거나 머릿속 해마의 수축으로 기억이 차츰 사라지기 전에, 내가 살아왔던 모습을 글 속에 담고 싶었다.

그래서 기억 속 장면들을 펼쳐 보기 위해 몇 년 전처럼 도서관을 찾았다. 이미 손가락이 말을 안 들어 늘어지는 활자체로 문맥을 잇는 시간이 꽤 걸렸다.

나의 인생이 끝까지 쫓기는 삶으로 엮여 아무 흔적 없이 살다 가는 단막극 인생이라면 하늘나라로 가는 경계점에서 분명 머뭇거릴 것이 틀림없다. 마치 할 말을 하다 만 사람처럼. 그러한 미련을 떨쳐 버리고자 나의 살아온 인생을 내가 사랑하는 사람들에게 알리고 싶었다. 그러면 여러분은 "이 빠듯한 세상을 살아가기 위해 열심히 노력했지만, 뜻대로 안 됐을 수도 있어"하며 위로와 격려와 응원해 줄 것을 속으로 기대한다.

9. 늦깎이에 만난 기적 같은 선물

가족은 영원한 사랑과 그리움

　기억의 탐구를 통해 자아를 재발견하는 과정을 거치는 동안 많은 생각을 할 수 있었다. 기억의 탐구는 본인도 몰랐던 가치관들을 객관적으로 판단해 보는 기회가 되어 나의 삶을 돌아보게 되었다. 인생이란 것이 참 그렇다. 지나가고 나면 정말 아무것도 아니다. 아주 작은 감정충돌로 갈려져서 소중한 시간 들을 다 놓치고 마는 것들이 허다해서 안타깝다.

　40년 전에 둘째가라면 억울할 듯 좋아 따라나섰던 그때 새신랑과 나와의 사이에서 낳은 아이들과 지금껏 살아오면서 그동안 울고 웃고 지지고 볶으며 살아온 그동안의 행복도 컸다. 물론 실망과 서운함이 없지는 않았지만, 가족은 나에게 큰 축복이며 사랑이었다.

#인생은 편도행(片道行)

　나만의 독백이 될지라도 누구의 삶이던지 한번 지나가면 돌이킬 수 없으므로 인생은 바쁘다. 그리고 소중하다는 것을 나는 안다. 나이가 육십, 칠십이 되어서야 인간사가 아주 복잡한 반면, 너무도 쉬운 정의 아래서는 행복감을 만끽할 수 있다는 것은 도대체 무슨 힘일까? 약간의 모순 속에서도 행복함을 느낀다. 생각의 정직함과 주관성 있는 판단과 결정은 내가 살아가는 동안 큰 힘이 되었다. 거기에 세월을 보태니 한 사람의 괜찮은 인간이 되려고 한다. 그 부분에서는 후회하지 않는다.

생각해보면 내게도 살아오면서 내가 뿌린 삶의 무게보다 좋은 결과를 가져온 것들이 많이 있었다. 청년 시절 구직을 위해 영남지역 일대를 일 년에 두 번씩 직장을 옮겨 다니며 객지에서의 설움을 느낀 것은 누구의 탓도 아니었다. 그러나 나는 드러나지 않게 세상을 원망한 적이 있다. 그러나 그만큼 나의 직업이 불안정하였기 때문이었다는 것을 기억의 탐구로 인해 성찰되었다.

물론 나름 자신의 노력도 있었지만, 나 같은 사람이 공직생활을 할 수 있었던 것 그리고 평생을 같이할 이상형의 배우자를 만났고 첫아이가 아들이라는 점이 그 당시 나에겐 엄청난 기쁨과 행운으로 느껴졌었다. 나도 어쩔 수 없이 시대에 따라 아들을 선호하는 엄마의 구식 사고방식을 갖고 있었지만 어쩔 수 없었는가 보다. 그땐 그랬다.

세월은 덧없이 흘러, 오십 나이에 접어들자 파킨슨이 나의 젊음을 앗아 갔지만, 그만큼의 대가도 있었다. 세월과 투병을 통해 나에게 포용과 인내, 사랑, 용서 등 많은 것들을 선물했다. 특히 사랑을 볼 수 있는 선함을 내게 가르쳐 주었음에 감사하다. 돌이켜서 새로 고쳐 살아갈 수 없는, 직진만 하는 인생을 살아가야 했다면 반성과 성찰의 기회는 얻기 힘들었을 것이다. 다만 더 늦지 않은 시간에 황혼기의 앞 뜨락에 서서 내 삶을 되짚어 볼 수 있었던 것은 큰 행운이었다.

몇 년 전에 희귀병 진단으로 내가 받았던 아픔과 절망은 나의 소중한 삶까지도 위협해 왔지만 잘 버텨냈다. 만약 그것에 동화되어 위기를 이겨내지 못했다면, 짧은 인생의 행로를 같이하는 나의 사랑하는 가족의 상처들은 말할 수도 없었을 것이다. 솔직한 반성과 개선의 의지가 없었더라면 나는 막막한 그 시절의 음지에서 아무런 해결 방법을 찾지 못했을 것이다.

그리고 나에게도 지난날 꿈 많고 건강했던 시절이 있었다는 것은 정말 감사한 일이다. 발병 이후 내가 살아온 그 시간은 선물로 받은 의미 있는 것이었다. 이러한 기적 같은 선물이 있었기에 나는 여기 이렇게 살아있다. 한번 가면 다시 올 수 없는 우리의 인생, 건강을 지킴으로서 우리의 인생길을 편도행(片道行) 인생이라고 이름 짓고 싶다.

지금에서야 조금 멀리도 넓게도 볼 수 있는 안목의 성장은 파킨슨 씨가 가져다준 성장통이 있었기에 가능하였다. 탁구 치는 노인들이 씩씩하고 아름답게 보이는 것은 '편도행 인생에서 만난 기적 같은 선물' 중 한 부분이다. 그렇게 해서 나의 인생을 총량제로 따져봐도 '그래도 나는 행복한 사람'이다.

발문

주체적 자아, 그리고 긍정의 정신

박인기 경인교육대학교 명예교수·에세이스트

　김미란의 산문집 《그래도 나는 행복한 사람》은 자서전의 형식과 체제를 비교적 반듯하게 반영한 책이다. 생애의 시간을 연대기 순서로 전개해 놓은 점이나, 서술 주체인 자신을 모든 내러티브의 중심인물로 그리고 있는 점에서나, 경험적 사건에 대한 반성적 사유(思惟)를 울림 있게 심화한 점이나, 모두 자서전 이야기의 요건을 충실히 따르고 있음을 보여 준다.

　김미란 작가는 자신에 대해서나 자기 밖의 사회에 대해서나 순응적으로 따라가며 사는 사람은 아니다. 상당히 주체적인 자아를 가지고 있다. 이 점이 그의 글을 평범하지 않게 한다. 더러더러 아버지와 맞서고 시대와 친하게 지내지 못하는 모습은 그의 개성적 자아가 상당히 단단하다는 것을 보여 준다.

　그의 산문이 매력 있게 다가오는 주된 이유를 두 가지만 찾으라면 나는 그의 글이 자기를 드러냄에 있어서 매우 솔직하다는 점과 강한 주체적 자아를 통하여 생의 고통들을 대하고 있다는 점이다. 산문집 제목 《그래도 나는 행복한 사람》에서 알 수 있듯이 현실의 그는 행복하지 못한 조건들과 싸우고 있다. 그러함에도 '나는 행복하다'의 정신을 향하고, 마음을 지키기 위해 범상치 않은 노력을 한다. 그런데 이런 지향을 담은 김미란의 전언들이 자기 계발서나 교훈서의 분위기처럼 근엄 딱딱하지 않고, 인간적 허술함의 분위기를 인간답게 그려낸다는 점에서 어떤 매력을 볼 수 있다.

글쓰기는 참으로 신통한 정신의 과정(mental process)을 우리에게 가져다준다. 자신의 생애를 온전하게 기억해 내려 하면서, 그 기억을 글쓰기로 재현하는 일은 단순히 '기록하다'의 의미를 훨씬 넘어선다. 생애의 사건들을 되돌아 짚어보는 일은, 그때 그 시절의 나를 새롭게 찾아가는 일이다. 글을 쓰는 과정이 나를 찾아가는 일이 되기 때문에 그 어떤 '의미 있는 정신의 지경'을 향할 수 있게 되는 것이다. 김미란이 써나간 자신의 생애 서사 산문집 《그래도 나는 행복한 사람》은 자기 생(生)의 의미를 찾아 나서는 솔직하고도 성실한 자기 탐구의 여행처럼 읽혀진다.

글쓰기가 단순히 문장을 생산해 내는 기계적인 작업이 아니라 깊은 사색과 성찰과 재발견, 그리고 내 생의 여러 편린들을 의미 있게 편집하는(editing) 정신적 과정임을 우리는 배운다. 내 생을 글로 쓰면, 여기에는 우리가 그저 우리 생을 단순히 되돌아보는 차원에서는 깨닫지 못하는, 내 생의 진정한 의미를 대면할 수 있게 된다. 즉, 내 생의 비경(祕境)을 발견하는 어떤 정신의 경지를 경험하게 하는 기제가 자기 서사 글쓰기 안에 있는 것이다.

내 인생을 되새김질해 가면서 글을 쓰기 때문에 일어날 수 있는 정신의 각성은 그것은 세 층위로 나타난다. 내 생을 향하여 글쓰기 의욕을 품는 일은 정말 아무나 하지 못하기 때문이다. 그냥 '글쓰기'라고 했지만, 이렇듯 의미 있고 적극적인 자서전 글쓰기가 되려면, 엄청나게 차별화된 노력이 필요하다. 이런 노력을 김미란 작가는 어느 정도 해낸 듯하다. 그것은 문장을 만드는 기술이나 표현 기술의 차원을 훨씬 넘어서는 글쓰기 조건이다.

따라서 자서전 글쓰기의 그 본질적인 조건이 자기 삶과 생에 대한 사랑이라 할 수 있다. 글쓰기는 손 운동으로 하는 것이 아니라, 본질적으로 마음의 작동이며, 내 안에 있는 어떤 정신이 응결되는 과정이라 할 수 있기 때문이다. 그런 노력과 결심의 조건을 김미란 작가는 잘 갖추고 있다. 이를 어찌 김미란 작가에게서만 구해야 할 것인가. 자기 서사를 글쓰기로 구상하는 모든 사람에게 하나의 글쓰기 철학으로 다음의 조건들을 요청해야 할 것이다.

첫째는 내가 내 삶을 사랑하는 마음으로 충만해야 한다. 자랑거리를 찾으라는 뜻이 아니다. 더더구나 이기적 인간이 되라는 뜻이 아니다. 내 생이 머금고 있는 고통과 환희, 후회와 좌절, 번민과 부끄러움, 치기(稚氣)와 도전 등 이 모든 것에 대한 진정한 사랑이 있어야 한다. 자기에 대한 이기적 애착이라기보다는 생(生)에 대한 외경(畏敬) 같은 것이 내 마음에 들어 있어야 할 것이다. 이런 마음이 글쓰기를 추동하게 하는 정신적 동력이 된다. 이런 마음의 노력 없이는 자서전 글쓰기로 나서지 말아야 한다.

둘째는 일정한 목표를 가지고 글쓰기 자체를 꾸준히 실천하려는 자아가 있어야 한다. 많은 사람이 자기 서사에 대한 구상과 가치를 마음에 절실하게 품으면서도 구체적이고 현실적인 글쓰기에 돌입하지 못하는 경우가 많다. 글쓰기를 실천하는 행위 속에는 내가 새롭게 재발견하려는 내 생의 가치를, 마치 광부가 금을 캐듯, 채광하는 프로세스가 실현되는 것이다. 실제로 구체적으로 써나가지 않으면, 기억과 경험을 새롭게 재현(채굴)할 수가 없다. 막연한 추상의 상태로만 머릿속을 맴도는 정신과 생의 가치는 산문 속으로 들어와야 감동으로 구체적 현신을 하는 것이다. 김미란 작가는 이 점에서는 놀라울 정도의 부지런함과 집념을 보여 준 작가라 할 수 있다.

셋째는 나의 생을 나의 글쓰기로 빚어낸 이 콘텐츠를 세상에 널리 공유하고 싶은 목표가 있어야 한다. 내 글쓰기를 세상과 공유하는 것은 개인적으로는 자아를 문화적 소통의 주체로 삼는 것이고, 사회적으로는 공동체가 공유할 수 있는 지식·정서·문화 등의 가치에 참여하게 됨을 의미한다. 대단히 공의로운 일이다. 출판의 기능과 가치는 여기에 있다 할 것이다. 글을 쓰는 사람으로서는 출판을 염두에 두고 글쓰기를 하면, 자신의 문화적·사회적 자아가 고양된다. 이는 자기 교육의 이상적 경지라 할 수 있다. 또한 글 쓰는 이 스스로 자기의 글을 정련하고 발전시키는 눈을 기르게 되는 것이다. 김미란 작가는 2025년 한해 나의 글쓰기 강좌에 참여하면서 이런 목표를 굳게 견지했다. 그가 글을 이렇게 많이 쓰고서도 그의 책이 나오지 않는다는 것이 이상하다고 나는 생각했다.

이런 생애 서사(life narrative)를 생각에 그치지 않고, 직접 글로 쓸 때는 어떤 내적 작용이 일어나는가. 글 쓰는 이의 내면 정신 과정은 더욱 풍성하고 더욱 섬세해지고 더욱 성찰적인 마음(reflective mentality)이 된다. 내 생의 한순간 나를 사로잡았던 나의 경험과 나의 사건에 연관된 내 생의 여러 맥락이 모두 글쓰기의 마당으로 불려 와서, 그때 그 시절 내가 겪고 느꼈던 일의 감추어진 의미의 결(meaning of texture)을 새롭게 느끼고 반추하게 한다.

김미란의 글쓰기는 이러한 프로세스를 잘 다루어 내고 있다. 이런 점에서 김미란의 글은 대단히 모범적인 사례에 속한다 할 수 있다. 글쓴이는 어떤 특정의 경험 이야기(서사에서는 이를 event라 한다)를 이 책 전편을 통해서 두세 번 반복하기도 하는데, 이는 그 이야기의 구체적 맥락을 더 풍성하고 의미 있게 보여 주기 위한 전략 때문으로 보인다.

김미란 작가의 생애 서사 산문은 경험 내용상 크게 세 부분으로 나누어진다. 하나는 그의 성장 배경과 맞물리면서 등장하는 가족 이야기이다. 그의 가족 이야기는 디테일이 섬세하고 기억은 아주 정교하다, 그리고 이 기억에 부여하는 그의 인식과 정서는 개성적이면서도 긍정적이다. 가족 간 사랑과 갈등이 교차하는 과정에서 자신의 성장을 의미화하고, 그것이 만년의 그를 어떤 정신으로 이끌어 가는지를 보여 준다.

두 번째는 그의 직업 생활에 관한 서사들이다. 어렵던 시절 도시 변두리의 가난한 양장점에서의 디자이너 생활과 그 뒤 오랜 공직 생활의 경험을 마치 그 시대의 지방 공무원 생활을 증언하듯 매우 다채롭게 이야기한다. 그의 문체에서 가끔 발견되는 이상하고도 낯선 문어체는 공직 사회의 담론투를 연상케 하는데, 그건 그것대로 하나의 개성적 표현으로 여겨진다. 가족 이야기든 직장 이야기든 사귐을 나누었던 학창과 직장의 친구들 이야기도 맛깔나게 등장한다. 그저 한두 줄의 인물평이 아니라, 친구나 동료마다 사연 깊고 흥미 있는 내러티브들이 구체적으로 진설되어 있어서, 그의 산문정신을 돋보이게 한다.

세 번째는 그가 앓고 있는 병, 파킨슨병에 대한 운명적 만남을 다루고 있다. 이 병이 그의 인생과 어떻게 조우되고, 어떤 투병의 과정으로 살아가게 하는지를 보여 주는데, 이는 이 산문집이 지니는 매우 차별화된 내용 특질로 평가하고 싶다. 파킨슨병 이야기는 특정한 대목에 집중되어 있기도 하지만, 이 책의 모든 내용과 장면에 접목되어서 나타난다. 그만큼 작가는 자신의 생애를 운명적 불운으로 찾아온 파킨슨병에 대해서 인생론적 고뇌와 더불어 그것이 자신의 생을 어떻게 고양할 수 있는지에 대해서도 감동적인 노력을 쏟는다. 우리는 그것을 작가가 인생의 고통과 불행을 대하는 긍정의 정신으로 불러도 좋을 것이다.

이 책의 끝부분은 노년이 된 현재의 김미란 작가가 자기 생을 향한 이해와 포용, 그리고 큰 용서의 마음을 피력하는 내용이 주를 이룬다. 아름다운 긍정의 정신으로 자기 생애 서서의 귀결점을 제시한다. 평범한 귀결인 것 같지만 파킨슨병을 고통스럽게 앓고 있는 현실에서 결코 내기가 쉽지 않은 인생 긍정의 목소리이다. 인생을 향하는 경건의 표정이라 하지 않을 수 없다.

환희와 고통이 점철되는 그의 인생에 대해서 아름답고 넉넉한 축복이 보이지 않는 곳에서 늘 내려오기를 기대한다. 그의 글쓰기가 끊임없이 지속되기를 빈다.

그래도 나는 행복한 사람

초판 1쇄 발행 2025년 10월 23일

지은이 김미란
펴낸이 이낙진
편집·디자인 홍성주, 이지은

펴낸곳 도서출판 소락원
주소 경기도 양평군 강상면 강남로 714-24
전화 010-2142-8776
이메일 sorakwon365@naver.com
홈페이지 www.sorakwon365.com

ISBN 979-11-990488-3-6 03810

이 책은 저작권법에 따라 보호받는 저작물이므로 무단 전재와 복제를 금하며,
이 책 내용의 일부 또는 전부를 재사용하시려면 반드시 저작권자와
도서출판 소락원 양측의 서면 동의를 얻어야 합니다.

- 책값은 뒤표지에 있습니다.
- 파본은 구입하신 서점에서 교환해 드립니다.